Globish

Глобиш

The World Over

по всему миру

By Jean Paul Nerrière and David Hon

Жан-Поль Неррьер и Дэвид Хон

A book written IN Globish

Книга написана на Глобише

Translation by Lidiya Dobrenko with Multilinguistic Center, St. Petersburg, Russia

Перевод выполнен «Мультилингвистическим центром» СПб, Россия, Добренко Лидия

Globish The World Over

© 2009 Jean-Paul Nerrière and David Hon

Глобиш по всему миру

© 2009 Жан-Поль Неррьер и Дэвид Хон

ISBN : 978-0-9827452-4-3

ISBN : 978-0-9827452-4-3

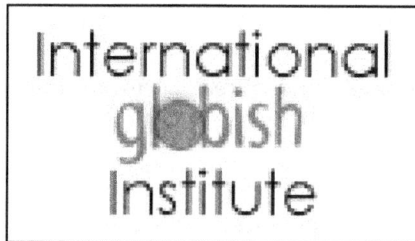

International globish Institute

Table of Contents

Содержание

Foreword for the Russian Translation

Предисловие к русскому изданию

Globish The World Over is among the few books that go to the readership with side-by-side translation. It means that the original text and the Russian translation can be read next to each other on every page. Thus this book fills a double function. On one hand reading only the right side, the Russian translation, the book can give information, and perhaps amusement, to those who speak little or no English. They are interested in an amazing process that is happening in front of the eyes of people in this age: The world has found a common language. It will help all people to communicate with each other, and this language is being called *Globish*.

Глобиш по всему миру относится к числу немногих книг, которые дают читателю параллельный перевод. Это значит, что текст оригинала и русский перевод можно читать рядом на каждой странице. Таким образом, эта книга выполняет двойную функцию. С одной стороны, при чтении только правой части, русского перевода, книга может дать информацию и, возможно, развлечь тех, кто плохо говорит, или вообще не говорит по-английски. Им будет интересен удивительный процесс, происходящий на глазах людей этой эпохи: Мир нашел

On the other hand, the side-by-side translation provides an opportunity to the learners of English -- or perhaps learners of Russian -- to use this book as a kind of language coursebook. During the translation, we paid special attention to following the grammatical structure and the phrasing of the original text. It is portrayed accurately to the extent the different structure of the Russian language allows us to do so. We hope this method will provide a real opportunity -- in a real language environment -- for the learners of English to follow and recognize elements of English they have learned in school.

общий язык. Это поможет многим людям общаться друг с другом, и этот язык называется *Глобиш.*

С другой стороны, параллельный перевод дает возможность изучающим английский – или, возможно, изучающим русский язык– использовать эту книгу как учебник. Во время перевода мы уделяли особое внимание следованию грамматической структуре и фразеологии текста оригинала. Он передается так точно, как позволяет это сделать иная структура русского языка. Мы надеемся, что этот метод даст изучающим английский реальную возможность – в реальной языковой среде – отслеживать и узнавать элементы английского, которые они изучали в школе.

Beginning

What if 50% of the world badly needed a certain useful tool, but only 5% could have it?

Someone would find a way. For example, to solve the problem of talking, they gave us handsets for little money and charge us by the minute. But that only does part of it. What will we *say* to each other?

The English language seems to be the most important communication tool for the international world. But now it must be a kind of English which can be learned quickly and used very easily – not like Standard English. The people who know a little are already using what they know. It works for them – a little. But... they often have

Введение

Что было бы, если 50% всего мира сильно нуждалось бы в определенном полезном инструменте, но только 5% могло его иметь?

Кто-нибудь нашел бы решение. Например, для того, чтобы решить проблему общения, они дали нам мобильники за небольшие деньги и теперь берут с нас плату за каждую минуту. Но это только одна сторона. Что мы будем друг другу *говорить*?

Английский язык, похоже, является самым важным инструментом общения для интернационального мира. Но сейчас это должен быть некий английский, который можно выучить быстро и легко использовать – не так, как стандартный английский. Люди, которые немного знают, уже используют то,

families and jobs. They cannot spend enough time or enough money to learn all of English. And English speakers think these people will "never be good enough" in English. It is a problem. We think Globish is a solution.

Globish has a different name because it is a very different way to solve the problem of learning English. By the standards of the Council of Europe Framework of Reference for Languages (page 64):

> *(Globish speakers) will use an amount of English that makes understanding between non-native speakers and native speakers. They will produce clear, detailed writing on a wide range of subjects and explain their*

что знают. Это помогает им – чуть-чуть. Но... у них обычно есть семьи и работа. Они не могут уделять достаточно времени и денег для изучения всего английского. И носители английского языка думают, что эти люди «никогда не будут достаточно хорошо» владеть английском. Это проблема. Мы считаем, что Глобиш – ее решение.

Глобиш имеет другое название, так как это совершенно иной способ решения проблемы изучения английского. Согласно стандартам документов Европейского Совета в области языков (стр.64):

> *(говорящие на Глобише) будут использовать такой объем английского, который обеспечит понимание между неносителями и носителями английского языка. Они будут владеть хорошими письменными навыками по целому ряду предметов и объяснять свои мысли, давая*

thoughts, giving good and bad elements of various ideas.

This book is *about* Globish and to demonstrate its value, we'll write this book for you *in Globish*.

хорошие и плохие оценки различных идей.

Эта книга о Глобише, и чтобы показыть его значение, мы напишем эту книгу для вас на Глобише.

Part 1
The Problem
with Learning
English

Часть 1
Проблема
изучения
английского
языка

Chapter 1

Many, Many Languages

A hundred years ago, most human beings could speak two or more languages. At home they spoke a family language. It could be the language their parents spoke when they moved from another place. In many cases, it was a local variation of a language with different words and different pronunciations, what some people might call a dialect or patois. Most villages had such languages. People learned family languages, village languages and sometimes other languages without any problems.

A century ago, for most people the world was not very big, perhaps as big as

Глава 1

Очень много языков

Сто лет назад большинство людей могли говорить на двух и более языках. Дома они разговаривали на языке семьи. Это мог быть язык, на котором говорили их родители, когда они переезжали из других мест. Во многих случаях существовал местный вариант языка с различными словами и различным произношением, который некоторые люди называли диалектом или наречием. Такие языки были в большинстве поселений. Люди выучивали язык семьи, местные языки, а иногда и другие языки без всякого труда.

Столетие назад для большинства людей мир был не очень большим,

their nation. They learned their national language and then could communicate with the rest of their world. Many nations had at least one official national language. Many people in their villages also felt a need to speak the national language, and they would learn that national language in schools.

National languages made nation-wide communication possible. In some cases these started as one of the local dialects and were raised to the status of national languages. Or sometimes one "family" was more powerful, and required everyone to speak their way.

Today, the communication problem is the same. Just the scale is different. A century ago, their world was their

возможно, он ограничивался их страной. Они выучивали свой родной язык и могли общаться со всем остальным миром. У многих наций был, по крайней мере, один официальный язык. Многие люди в своих поселениях также чувствовали необходимость говорить на национальном языке, и они учили этот язык в школах.

Национальные языки сделали возможным общенациональное общение. В некоторых случаях они появились как один из местных **диалектов** и достигли статуса национальных языков. Или иногда одна «семья» была более могущественной и требовала, чтобы все говорили как они.

Сегодня проблема общения та же. Только масштаб другой. Столетие назад их мир был их страной.

country. Now their world is.... much more. Most people now speak a local language which is often their national language. Now they must communicate to the whole globe.

Сейчас их мир ... намного больше. Сейчас большинство людей говорят на местном языке, который часто является их национальным языком. Сегодня они должны общаться со всем миром.

(From English Next)   *(Из книги English Next)*

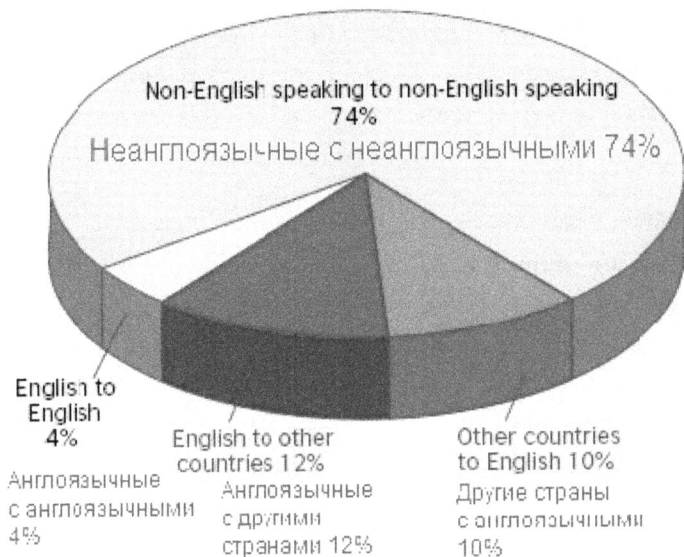

Non-English speaking to non-English speaking 74%
Неанглоязычные с неанглоязычными 74%

English to English 4%
Англоязычные с англоязычными 4%

English to other countries 12%
Англоязычные с другими странами 12%

Other countries to English 10%
Другие страны с англоязычными 10%

In this world, teachers say there are more than 6000 languages. In 45 countries, English is an official language. But not everyone

Ученые говорят, что в этом мире существует более 6000 языков. В 45 странах английский является официальным языком. Но

speaks English, even where it is an official language.

не все говорят на английском, даже там, где он является официальным языком.

Только у 12% всего мира английский является родным языком. Для нас же, 88% , он не является первым, родным языком.

We know that only 4% of international communication is between native speakers from different English-speaking nations - like Americans and Australians.

Мы знаем, что только 4% международного общения происходит между носителями языка разных англоговорящих стран, такими как американцы и австралийцы.

So 96% of the international English communication takes place with at least one non-native speaker.

Таким образом, 96% международного общения на английском происходит с участием, по крайней мере, одного неносителя языка.

There is a story about a god and a Tower of Babel, where all men could speak to each other using just one language. In the story, he stopped the building of that special Tower.

Есть история о Боге и Вавилонской башне, где все люди могли говорить друг с другом, используя только один язык. В этой истории Он прекратил строительство этой особенной башни.

He said (roughly):

> "Look, they are one people, and they have all one language. This is only the beginning of what they will do. Nothing that they want to do will be impossible now. Come, let us go down and mix up their languages so they will not understand each other."

In the past, there have been many strong languages and attempts to create a common worldwide language. Some worked well, but some not all. The Greek language was used as the "lingua franca" in the days of the Romans. Non-Romans and others read the first Christian books in Greek. Modern Romans speak Italian, but until lately Catholics celebrated Christian ceremonies in Latin, the language of the ancient Romans.

Он сказал (в гневе):

> „Вот, один народ, и один у всех язык; и вот что начали они делать. И нет для них ничего невозможного в том, что они задумали делать. Сойдем же и смешаем языки их, так чтобы они не понимали речи друг друга!"
>
> (Бытие 11, 1-9)

В прошлом у них было много сильных языков и попыток создать общий мировой язык. Что-то получалось хорошо, что-то нет. Во дни Римской империи греческий язык использовался как "lingua franca". Неримляне и другие читали первые христианские книги на греческом. Современные римляне говорят на итальянском, но до недавнего времени католики проводили Рождественские службы на латыни, языке древних римлян.

French was the language of upper class Europeans for several hundred years. It was used for international government relations until 1918. Many thought it was clearly the best language for all international communication. Tsarina Catherine of Russia and Frederick the great of Prussia used to speak and write very good French, and made a point to use it with foreigners. A friendly competition took place at the king's court in France in 1853 to find the person who used the best French. The winner was not Emperor Napoleon the Third, or his wife Eugénie. Instead, it was the Austrian statesman Klemens Wenzel von Metternich.

Французский был языком высшего общества у европейцев в течение нескольких столетий. Он использовался в международных правительственных отношениях до 1918 года. Многие считали его лучшим языком для международного общения. Русская императрица Екатерина и Прусский король Фридрих Великий говорили и писали на очень хорошем французском и сделали правилом его использование в общении с иностранцами. В 1853 году при французском дворе был устроен конкурс, чтобы выявить человека, который лучше всех владел французским.

Победителем стал не Император Наполеон III или его жена Евгения. Вместо этого им оказался австрийский государственный деятель Клемент Венцель фон Меттерних.

About this time, in the Age of Reason, humans began to think they could do anything. They discovered drugs that would cure diseases. They could grow food in all weather. Their new steam-ships could go anywhere without wind. So then some people thought: **How difficult could it be to create a new language, one that would be easy and useful for all people?**

Примерно в это время, в Эпоху Просвещения, люди начали думать, что они способны делать все. Они открыли лекарства, которые лечили болезни. Они могли выращивать пищу в любую погоду. Их новые паровые суда могли плавать повсюду без помощи ветра. И тогда некоторые люди подумали: **А можно ли создать новый язык, который был бы легок и полезен для всех людей?**

Technical Words

Chapter - people divide large books into smaller chapters

Dialect - a different way of speaking a mother tongue

Patois - a way of speaking in one region

Lingua franca - a Latin word for a global language

Pronunciation - the way we say sounds when we speak

International Words

Planet - a space globe that moves around the Sun

Chapter 2

Esperanto vs...the World?

Natural languages come from unwritten languages of long ago, in the Stone Age. They are easy to learn naturally but hard to learn as a student. That is why many people have tried to invent a simple language that is useful and simple to learn. Perhaps the most famous of these *invented* languages is "Esperanto." It was developed between 1880 and 1890 by Doctor Ludovic Lazarus Zamenhof. He was an eye doctor in Warsaw. He said his goal was to create communication and culture-sharing among all the people of the world. He thought the result would be understanding by everyone. That would mean everyone would have sympathy with everyone else and this would avoid future wars.

Глава 2

Эсперанто и ... мир?

Естественные языки происходят из древних бесписьменных языков Каменного Века. Их легко выучить естественным путем, но трудно выучить по-школьному. Поэтому многие люди пытались изобрести простой язык, который был бы полезен и прост для изучения. Возможно, Эсперанто – самый известный из этих изобретенных языков. Он был создан между 1880 и 1890 годами доктором Людовиком Заменгофом. Он быль глазным врачом в Варшаве. Он говорил, что его целью является создание общения и обмена культурами среди всех людей мира. Он думал, что результатом будет полное взаимопонимание. Это означало бы, что каждый человек будет

Here is a example of Esperanto:

> En multaj lokoj de Ĉinio estis temploj de drako-reĝo. Dum trosekeco oni preĝis en la temploj, ke la drako-reĝo donu pluvon al la homa mondo.

Easy for you to say... perhaps. But there was one big problem with Esperanto. No one could speak it. Well, not really *no* one.

After more than a century, there are about 3 million people who can speak Esperanto. And that is in a world of nearly 7 *billion* people. Sadly, many wars later, we have to admit the *idea did not work as expected.*

хорошо относиться к друому, и это позволило бы избежать будущих войн.

Вот пример на Эсперанто:

> En multaj lokoj de Ĉinio estis temploj de drako-reĝo. Dum trosekeco oni preĝis en la temploj, ke la drako-reĝo donu pluvon al la homa mondo.

Произнести это легко... возможно. Но есть у Эсперанто одна большая проблема. На нем никто не мог говорить. Фактически никто.

Спустя более века есть примерно 3 миллиона человек, которые могут говорить на Эсперанто. И это в мире, где 7 миллиардов человек. К сожалению, спустя много войн, мы должны признать, что идея не сработала так, как ожидалось.

Д^r ЭСПЕРАНТО.

МЕЖДУНАРОДНЫЙ
ЯЗЫКЪ.
ПРЕДИСЛОВІЕ

ПОЛНЫЙ УЧЕБНИКЪ.

[por Rusoj]

Цѣна 15 копѣекъ.

ВАРШАВА.
Типо-Литографія Х. Кельтера, ул. Новолипки № 11.
1887.

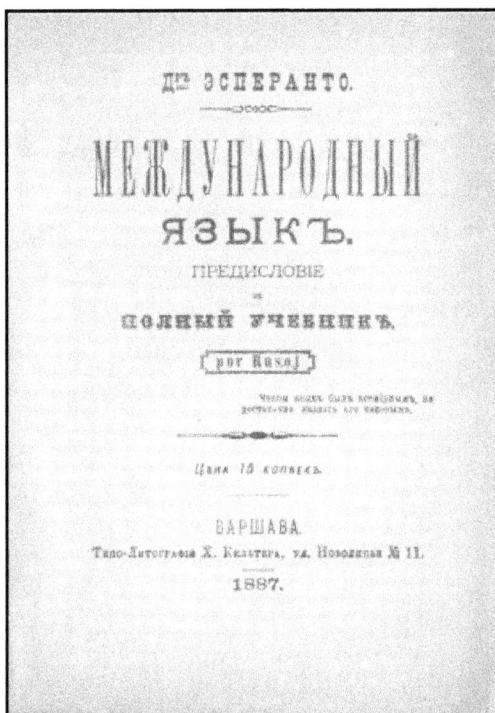

The 1st Esperanto book from Dr. Zamenhof

Первая книга на Эсперанто д-ра Заменгофа.

There are still people who believe in Esperanto. They still have their "special" language. Sometimes Esperantists make news when they speak out against Globish -- using English, of course. Thus any major newspaper story about Globish and Esperanto

Есть еще люди, которые верят в Эсперанто. У них есть свой «особый» язык. Иногда эсперантисты попадают в новости, когда они высказываются против Глобиша, используя, конечно же, английский язык. Таким образом, любая главная газетная

clearly demonstrates that Esperanto is not working. And it helps show that Globish gives us an opportunity to have – finally – a real global communication tool.

статья о Глобише и Эсперанто ясно демонстрирует, что Эсперанто не работает. Это помогает показать, что Глобиш дает нам возможность иметь, наконец, реальный глобальный инструмент общения.

International Words
Million = 1,000,000
Billion = 1,000,000,000
Natural = Observable in life

Chapter 3

Thinking Globally

It would be difficult for all people in the world to have one official language. Who would say what that language must be? How would we decide? Who would "own" the language?

Most people today speak only their one national language. This is especially true with native English speakers. They observe that many people in other countries try to speak English. So they think they do not need to learn any other language. It appears to be a gift from their God that they were born ready for international communication. Perhaps, unlike others in the world, they do not have to walk half the distance to communicate with other cultures. Perhaps English IS the place everyone else must

Глава 3

Мыслить глобально

Было бы трудно для всех людей в мире иметь один официальный язык. Кто скажет, какой это должен быть язык? Как мы это решим? Кто будет «владеть» этим языком»?

Большинство людей сегодня говорят только на их одном национальном языке. Они видят, что многие люди в других странах пытаются говорить по-английски. Поэтому они думают, что им не нужно учить какой-либо другой язык. Это похоже на Божий дар, что они родились готовыми для международного общения. Возможно, в отличие от остальных, им не надо проходить половину пути, чтобы общаться с другими культурами. Возможно, английский является тем

come to. Perhaps…. All others are unlucky by birth. But *perhaps* there is more to the story…

It does seem English has won the competition of global communication. Although it used to give people an edge in international business, one observer now states it this way:

> *"It has become a new baseline: without English you are not even in the race."*

So now the competition is over. No other language could be more successful now. Why is that?

The high situation of English is now recognized because communication is now global, and happens in one second.

местом, куда должен прийти каждый. Возможно… Всем остальным с рождением не повезло. Но возможно у этой истории есть продолжение…

Похоже, что английский язык победил в соревнованиях по глобальному общению. Хотя он давал людям преимущество в международном бизнесе, один из обозревателей сейчас говорит об этом так:

> *„Выявилась новая ситуация: без английского у тебя нет никаких шансов."*

Но сейчас соревнование закончено. Никакой другой язык не может быть сейчас более успешен. Почему?

Сейчас признаны высокие позиции английского, потому что общение сейчас глобальное и происходит за одну секунду.

There have been periods in history where one language seemed to have worldwide acceptance. But, in all these periods, the "world" covered by one of these languages was not the whole planet.

В истории были периоды, когда один язык, казалось, имеет всемирное признание. Но во все эти периоды «мир», охваченный одним из таких языков, не был всей планетой.

Chinese was not known to Greeks in the time of the Roman Empire. The hundreds of Australian languages were not known to Europeans when they settled there. Japanese people did not learn and speak French in the 18th century.

Китайский не был известен грекам во времена Римской Империи. Сотни австралийских языков не были известны европейцам, когда они там поселились. Японцы не учили и не говорили по-французски в 18-ом веке.

Then, much communication was a matter of time and distance. Now, for the first

Тогда большая часть коммуникации определялась временем и

time, communication has no limits on our Earth. 200 years ago it took more than six months to get a message from Auckland, New Zealand, to London. In our global world, a message goes from Auckland to London in less than a second.

As Marshall McLuhan said in his book *The Guttenberg Galaxy*, this world is now just the size of a village – a "global village." In a village, all people communicate in the language of the village. All nations now accept English as the communication for our global village.

Some people dislike that fact a lot. They want to keep their language, and even to avoid English. And, there are people who do not care at all, and they do not see what is happening or what it means.

Finally, there are people who

расстоянием. Сейчас впервые общение не имеет границ на нашей Земле. 200 лет назад сообщение из Окленда, Новая Зиландия в Лондон шло более 6 месяцев. В нашем глобальном мире сообщение из Окленда в Лондон идет менее секунды.

Как сказал Маршал МкЛюэн в своей книге *Галактика Гуттенберга*, сейчас этот мир имеет размер деревни – «глобальной деревни». В деревне все люди общаются на языке деревни. Все нации сейчас принимают английский как средство общения для нашей глобальной деревни.

Некоторым людям этот факт очень не нравится. Они хотят сохранить свой язык и даже избегать английского. А есть люди, которым все равно, и они не видят, что происходит, и что это значит.

Наконец, есть люди,

accept it, and even benefit from it. Many Chinese, Spanish and German people realize their language is not global and so they are learning English. They speak about their wonderful culture in English but they also continue to speak their first language.

We can be very confident this situation will not change. With all the people now learning English as a second language, and there will be no need to change. As in the past, people will speak more than one language as children.

Leading economic powers, such as China, Brazil, India, Russia, and Japan will have many people speaking English. No one is going to win markets now with military battles.

которые принимают это и даже извлекают из этого пользу. Многие китайцы, испанцы и немцы понимают, что их язык не является глобальным, и поэтому они учат английский. Они рассказывают о своей замечательной культуре на английском, но они продолжают разговаривать на их первом языке.

Мы можем быть полностью уверены, что эта ситуация не изменится. Со всеми людьми, которые сейчас учат английский как второй язык, нет необходимости это менять. Как и в прошлом, люди, как дети, будут говорить на более, чем одном языке.

В таких ведущих экономических державах, как Китай, Бразилия, Индия, Россия и Япония будет много людей, говорящих по-английски. Никто сейчас не собирается завоевывать рынок военными сражениями.

And no one will need to change languages, as used to happen. Now nations will try to win hearts and minds with their better, less expensive products. It is a new world now, and maybe a better one.

To communicate worldwide, these people will use varying qualities of English. But once they master "a reasonable amount" of English they will not want or need to require others to use their mother tongue. So English will certainly continue to be the most important international language. The economic winners today or tomorrow will use their English well enough so that they don't need anything else. This "common ground" is what everybody will continue to agree on...

И никому не нужно будет менять языки, как это обычно случалось. Сейчас народы будут пытаться завоевывать сердца и умы лучшей и менее дорогой продукцией. Сейчас у нас новый мир, и, возможно, он лучше.

Чтобы общаться со всем миром, эти люди буду использовать разнообразные качества английского. Но когда они усвоят «разумное количество» английского, они не будут хотеть или требовать, чтобы другие использовали их родной язык. Итак, английский, безусловно, будет продолжать являться самым важным международным языком. Сегодня или завтра победители в экономике будут использовать английский достаточно хорошо, чтобы не нуждаться в чем-то другом. Это «общая почва» есть то, с чем все будут согласны.

Language Used In Business Communication

Язык, используемый в деловых переговорах

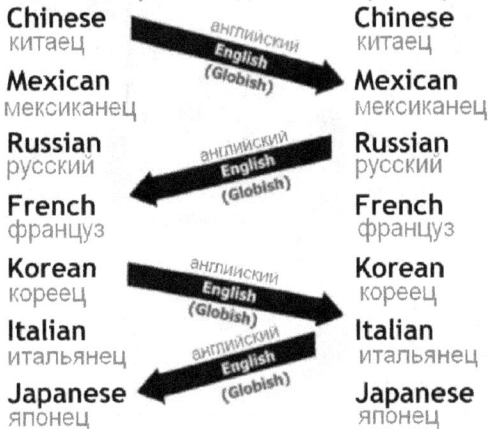

Chinese китаец	английский **English** (Globish) →	**Chinese** китаец
Mexican мексиканец		**Mexican** мексиканец
Russian русский	← английский **English** (Globish)	**Russian** русский
French француз		**French** француз
Korean кореец	английский **English** (Globish) →	**Korean** кореец
Italian итальянец	← английский **English** (Globish)	**Italian** итальянец
Japanese японец		**Japanese** японец

© David Hon 2008

Still, many people will continue to learn Chinese or Spanish or Russian. They will do this to understand other cultures. But it will be of less help in doing worldwide business. In an international meeting anywhere, there will always be people who do not speak the local language.

Everyone in this meeting will then agree to change back to English, because everyone there will have acceptable English.

По-прежнему многие люди будут учить китайский, испанский, или русский. Они будут это делать, чтобы понять другую культуру. Но это им мало поможет в мировом бизнесе. На международных встречах в любом месте всегда будут люди, которые не говорят на местном языке.

Все на этом совещании согласятся обратиться к английскому, поскольку у каждого будет приемлемый английский язык.

iranian.com 2005

Today, Mandarin Chinese is the language with the most speakers. After that is Hindi, and then Spanish. All three of them have more native speakers than English. But Hindi speakers talk to Chinese speakers in English and Spanish speakers communicate to Japanese speakers in English.

They cannot use their own languages so they must use the most international language to do current business. That is why English is now locked into its important position the world over.

Сегодня китайский (мандарин) является языком, на котором говорить большинство людей. После него идет хинди, а затем испанский. На всех этих языках как на родных говорят больше людей, чем на английском. Но носители языка хинди говорят с носителем китайского на английском, на английском разговаривают испаноговорящие с японцами.

Они не могут пользоваться своими языками, потому должны использовать международный язык в современном бизнесе. Поэтому английский занял свою важную позицию по

Sometimes we wonder if it is good that English won the language competition. We could argue that it is not the right language. It is far too difficult, with far too many words (615,000 words in the Oxford English Dictionary...and they add more each day.)

Too many irregular verbs. The grammar is too difficult. And most importantly, English does not have good links between the written and the spoken language. Why do the letters "ough" have four different pronunciations ("cough, tough, though, through") Why is a different syllable stressed in photograph, photography and photographer? And why is there not a stress mark? Why doesn't "Infamous" sound like "famous?" or "wilderness" like "wild?" Why isn't "garbage" pronounced like "garage", or

всему миру.

Иногда мы задаемся вопросом, хорошо ли, что английский победил в соревновании языков. Можно было бы поспорить, что это не тот язык. Он более чем сложен, с таким большим количеством слов (615 000 слов в Оксфордском словаре ... и они добавляются каждый день).

Слишком много неправильных глаголов. Грамматика слишком трудна. И что более важно, у английского нет хороших связей между письменным и устным языками. Почему сочетание "ough" имеет 4 разных произношения ("cough, tough, though, through"). Почему под ударением разные слоги в словах *photograph, photography and photographer*? И почему само ударение не ставится? Почему „in*famous*" не звучит как „*famous*" , или „*wild*erness" как „*wild*"? Почему

"heathen" like "heather"?

English was never expected to make sense to the ear. Pronunciation in English is a horrible experience when you have not been born into that culture. Yet it appears to sound natural to native English speakers.

Some languages, like Italian, German, and Japanese, can match written words to the way they are spoken. So it may appear unlucky for us that one of them did not win it all. Italian, for example, is a language where every letter, and every group of letters, is always *pronounced* the same way. When you are given an Italian document, you can *pronounce* it once you understand a limited number of fixed rules. In English you have to learn the *pronunciation* of every word.

"garba*ge*" не произносится как „gara*ge*", или „h*ea*then" как „h*ea*ther"?

От английского никогда не ждали, что он будет понятен на слух. Английское произношение является ужасным испытанием, если ты не родился в этой культуре. Хотя для носителей английского языка он звучит естественно.

В некоторых языках, таких как итальянский, немецкий и японский можно связать написанные слова с тем, как они произносятся. Нам, наверное, не повезло, что ни один из них не выиграл. Например, в итальянском языке каждая буква и каждое сочетание букв произносится одинаково. Когда вам дают итальянский документ, вы можете его озвучить, если вы знаете определенные правила. В английском же вы должны выучить произношение каждого слова.

Many English words are borrowed from other languages, and they sometimes keep their old pronunciation and sometimes not. English words cannot be written so the stressed syllables are shown. All non-native English speakers know that they may have to sleep without clothes if they try to buy "pajamas." Where is the mark to show what we stress in "pajamas?" So, the borrowed word "pajamas" would be better written as *pa-JA-mas*. In English you must learn exactly which syllable gets the stress, or *no one* understands you.

But Italian, German, or Japanese did not win the language competition. English did. Luckily, this does not mean that there are people who won and people who lost. In fact, we will show that the people whose language seemed to win did not, in fact, improve their positions. The other people

Многие английские слова заимствованы из других языков, и они иногда сохраняют свое старое произношение, а иногда нет. Нельзя писать английские слова так, чтобы были показаны ударные слоги. Все неносители английского языка знают, что они буду вынуждены спать без белья, если они попытаются купить "pajamas". Где метка, которая бы показывала ударение в слове "pajamas"? Так как слово "pajamas" заимствованное, его лучше было бы писать как *pa-JA-mas*. В английском вы должны выучить, на каком именно **слоге** ставится **ударение**, иначе **никто** вас не поймет.

Но итальянский, немецкий или японский не победил в этом соревновании. Победил английский. К счастью, это не значит, что есть люди, которые победили и которые

won, and those non-native speakers will soon win even more. This is one of the many "Globish Paradoxes."

проиграли. На самом деле, мы покажем, что люди, чей язык похоже победил, не улучшили свои позиции. Другие люди выиграли, и эти неносители английского языка скоро выиграют еще больше. Это один из многочисленных «парадоксов Глобиша».

Technical

Grammar - the structure of words in a sentence.

Pronounce - to speak accurate sounds in a language

Stress - making a heavy tone on one syllable of a word

Syllable - a part of a word you are saying

Paradox - something that sounds correct but is really the opposite like: *winning is really losing*

Verb - the part of speech that tells the action in a sentence.

International

Pajamas - clothes you wear to bed at night

Chapter 4

The Native English Speakers' Edge is Their Problem

Speaking an extra language is always good. It makes it easier to admit that there are different ways of doing things. It also helps to understand other cultures, to see why they are valued and what they have produced. You can discover a foreign culture through traveling and translation. But truly understanding is another thing: that requires some mastery of its language to talk with people of the culture, and to read their most important books. The "not created here" idea comes from fear and dislike of foreign things and culture. It makes people avoid important ideas and new ways of working.

Глава 4

Преимущество носителей английского языка - это их проблема

Говорить еще на одном языке всегда хорошо. Это помогает признать, что одно и тоже можно сделать множеством разных способов. Это также помогает понять другие культуры, их ценность и что они создали. Вы можете открывать другие культуры, путешествуя и переводя. Но истинное понимание – это нечто другое: оно требует знания языка, чтобы говорить с людьми этой культуры и читать их самые важные книги. Мысль «Сделано не у нас » появляется из-за страха и неприязни к иностранным вещам и культурам. Это заставляет людей избегать важных

идей и новых форм труда.

Native English speakers, of course, speak English most of the time - with their families, the people they work with, their neighbors, and their personal friends. Sometimes they talk to non-native speakers in English, but most English speakers do not do this often. On the other hand, a Portuguese man speaks English most often with non-native English speakers. They all have strange accents. His ears become sympathetic. He learns to listen and understand and not be confused by the accent. He learns to understand a Korean, a Scotsman or a New Zealander with strong local accents. And he learns to understand the pronunciations of others learning English. Often, he understands accents much better than a native English speaker.

It is a general observation

Носители английского языка, конечно, большую часть времени говорят на английском со своими семьями, соседями и близкими друзьями. Иногда они говорят на английском с неносителями, но большинство носителей английского не делают это часто. С другой стороны, португалец говорит на английском чаще с неносителями английского языка. У них всех странный акцент. Его ухо привыкло. Он учится слушать, понимать и не бояться их акцента. Он учится понимать корейца, шотландца или новозеландца с их сильными местными акцентами. Он учится понимать произношение тех, кто учит английский. Часто он понимает акценты лучше, чем носитель английского языка.

Хорошо известно, что

that the person who already speaks five languages has very little difficulty learning the sixth one. Even the person who masters two languages is in a much better position to learn a third one than the countryman or countrywoman who sticks only to the mother tongue. That is why it is too bad people no longer speak their local patois. The practice almost disappeared during the 20th century.

Scientists tell us that having a second language seems to enable some mysterious brain connections which are otherwise not used at all. Like muscles with regular exercise, these active connections allow people to learn additional foreign languages more easily.

Now that so many people migrate to English-speaking countries, many of the young people in those families

человек, который говорит на пяти языках, не испытывает особой трудности выучить шестой. Даже тот, кто владеет двумя языками находится в более лучшей позиции перед тем, кто говорит только на родном языке. Поэтому очень плохо, что люди больше не говорят на своем родном диалекте. Такая практика почти исчезла в 20-ом веке.

Ученые говорят нам, что знание второго языка, похоже, позволяет задействовать некие таинственные связи в мозге, которые в других случаях не используются вообще. Как мышцы при регулярной тренировке, эти активные связи позволяют людям легче выучить дополнительные иностранные языки

Сейчас, когда так много людей мигрирует в страны с английским языком, многие молодые люди из

quickly learn English. It is estimated, for example, that 10% of all younger persons in the UK still keep another language after they learn English. Probably similar figures are available in the US. Those children have an extra set of skills when speaking to other new English language learners.

The British Council is the highest authority on English learning and speaking. It agrees with us in its findings. David Graddol of the British Council is the writer of English Next, which is a major study from the British Council. Graddol said (as *translated into Globish*):

> *"(Current findings)… should end any sureness among those people who believe that the global position of English is completely firm and protected.*

этих семей быстро учат английский. Подсчитано, к примеру, что 10% всей молодежи в Британии говорят на другом языке после изучения английского. Возможно, схожие цифры существуют в США. У этих детей есть дополнительный набор навыков, когда они говорят с другими, изучающими английский язык.

Британский Совет является наивысшим авторитетом в изучении и использовании английского языка. Он согласен с нами в своих оценках. Дэвид Граддол из Британского Совета - автор книги English Next, которая является важным исследованием Британского Совета. Граддол пишет (в переводе на Глобиш):

> *„(Последние данные)… должны положить конец любой уверенности среди тех людей, которые верят, что глобальная позиция английского языка*

We should not have the feeling that young people of the United Kingdom do not need abilities in additional languages besides English."

абсолютно прочна и непоколебима У нас не должно быть чувства, что молодежь Объединенного Королевства не нуждается в дополнительных языках кроме английского."

Graddol confirms:

Граддол утверждает:

"Young people who finish school with only English will face poor job possibilities compared to able young people from other countries who also speak other languages. Global companies and organizations will not want young people who have only English.

„Молодым людям, которые заканчивают школу только с английским, будет трудно найти работу в сравнении со способной молодежью из других стран, которые говорят и на других языках. Глобальным компаниям и организациям будут не нужны молодые люди только с английским языком.

Anyone who believes that native speakers of English remain in control of these

Всякий, кто верит, что носители английского языка будут

developments will be very troubled. This book suggests that it is native speakers who, perhaps, should be the most worried. But the fact is that the future development of English is now a global concern and should be troubling us all.

English speakers who have only English may not get very good jobs in a global environment, and barriers preventing them from learning other languages are rising quickly. The competitive edge (personally, organizationally, and nationally) that English historically provided people who learn it, will go away as English becomes a near-universal basic

контролировать это развитие, будут в большом затруднении. Эта книга утверждает, именно носители английского языка должны быть больше всего обеспокоены этим. Но факты таковы, что будущее развитие английского сейчас имеет глобальное значение и должно волновать всех нас.

Англоговорящие, у которых только один английский, не смогут найти очень хорошую работу в глобальном мире, и преграды, отделяющие их от изучения других языков, растут очень быстро. Конкурентное преимущество (личное, организационное и национальное), которое исторически

42

skill.

English-speaking ability will no longer be a mark of membership in a select, educated, group. Instead, the lack of English now threatens to leave out a minority in most countries rather than the majority of their population, as it was before.

Native speakers were thought to be the "gold standard" **(idioms remain in this section)**; as final judges of quality and authority. In the new, quickly-appearing environment, native speakers may increasingly be

обеспечивало людей, изучающих английский, уйдет, когда английский станет практически универсальным базовым навыком.

Способность говорить на английском более не будет знаком принадлежности к избранной образованной группе. Вместо этого незнание английского сейчас угрожает скорее меньшинству во многих странах, а не большинству, как это было раньше.

О носителях языка думали как о «золотом стандарте» **(в этом разделе идиомы оставлены)**; как о судьях в последней инстанции относительно качества и

indentified as part of the problem rather than being the basic solution. Non-native speakers will feel these "golden" native speakers are bringing along "cultural baggage" of little interest, or as teachers are "gold-plating" the teaching process.

авторитета. В новом, быстропоявляющемся окружении носители языка могут быть все более идентифицированы как часть проблемы, а не как ее основное решение. Неносители будут относиться к этим «золотым» носителям как к приносящим «культурный багаж», который мало кому интересен, или как к учителям, "облагораживающим" учебный процесс.

Traditionally, native speakers of English have been thought of as providing the authoritative standard and as being the best teachers. Now, they may be seen as presenting barriers to the free development of global

Традиционно носители языка представлялись как обеспечивающие установленный стандарт и как лучшие учителя. Сейчас они могут казаться теми, кто создает преграды к свободному

English.

We are now nearing the end of the period where native speakers can shine in their special knowledge of the global "lingua franca."

развитию глобального английского языка.

Мы сейчас приближаемся к концу того периода, когда носители английского языка могли блистать своими особыми знаниями глобального "лингва франка".

Now David Graddol is an expert on this subject. But he is also an Englishman. It would be difficult for him - or any native English speaker - to see all that non-native speakers see... and see differently.

Дэвид Граддол является экспертом по этому предмету. Но он также англичанин. Ему будет трудно, как и любому носителю английского языка , увидеть все то, что видят неносители... и видят по-другому.

For example, non-native speakers see how native English speakers believe that their pronunciation is the only valid one. Pronunciation is not easy in English. There are versions of English with traditional or old colonial accents. Many different British accents were mixed in

Например, неносители видят, как носители английского языка верят в то, что только их произношение является единственно правильным. Произношение в английском не легкое. Есть варианты английского с традиционным или старым

the past with local languages in colonies such as America, India, South Africa, Hong Kong, Australia, or New Zealand. Today more accents are becoming common as English gets mixed with the accents from other languages. Learners of English often have to struggle to hear "native" English and then to manage the different accents. Learners often learn English with the older colonial accents or newer accents. Not many people now speak English like the Queen of England.

Also, native speakers often use their local idioms as if they are universal. (Like saying that someone who dies is "biting the dust". How long does it take to explain what these really

колониальным акцентом. Множество различных британских акцентов в прошлом перемешалось с местными языками в таких колонниях, как Америка, Индия, Южная Америка, Гонконг Австралия или Новая Зеландия. Сегодня многие акценты становятся обычными, так как английский смешивается с акцентами других языков. Изучающим английский приходится трудно сначала научиться понимать «родной» английский и затем справляться с другими акцентами. Чаще всего им приходится учить английский со старым колониальным и более новым произношением. Немногие люди говорят сейчас по-английски как Королева Англии.

Также, носители языка часто используют местные идиомы так, как будто они универсальны. (Говоря, например, об умирающем, что тот «кусает землю». Сколько уйдет времени

mean? The modern global citizen does not need language like that.)

Non-native speakers also observe this: that most native speakers believe they are English experts because they can speak English so easily.

чтобы объяснить, что это на самом деле значит? Современный глобальный гражданину такой язык не нужен).

Неносители языка также замечают, что большинство носителей верят, будто они эксперты английского, потому что они так легко говорят по-английски.

Learning Conventional English
Изучение обычного английского

Learning Globish Изучение Глобиша

Years Годы   1   2   3   4

(Conservative Time Estimates)
Консервативная оценка времени

Language schools in non-English-speaking countries often have native English speakers as teachers. They are said to be the "gold standard" (an *idiom!*) in English.

But these native speakers are not always trained teachers. Often all they have is their

У языковых школ в неанглоязычных странах часто работают англоязычные учителя. О них говорят как о «золотом стандарте» (идиома) в английском.

Но эти носители языка не всегда являются подготовленными

ability to pronounce words. They do not know what it is like to learn English. In the end result, a teacher needs to know how to teach.

учителями. Часто все, что у них есть – это умение произносить слова. Они не знают, что значит учить английский. В конечном итоге, учитель должен знать как преподавать.

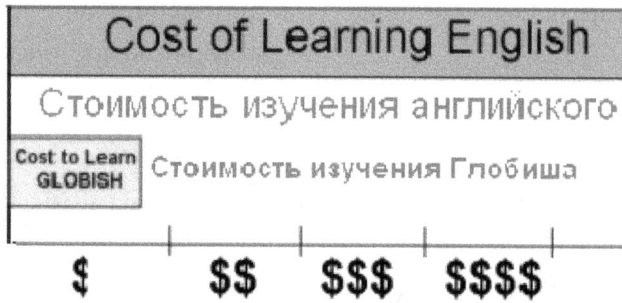

Cost of Learning English

Стоимость изучения английского

Cost to Learn GLOBISH — Стоимость изучения Глобиша

$ $$ $$$ $$$$

So sometimes non-native English speakers become better teachers of English than people with the perfect UK, or US, or South African English pronunciation.

In the past, English schools have made a lot of money using native speakers to teach English. Thus the students always work towards a goal that is always out of reach. Probably none of these students will ever

Иногда неносители английского языка становятся лучшими учителями английского языка, чем люди с идеальным британским, американским или южноафриканским акцентом.

В прошлом английские школы делали большие деньги, используя англоязычных учителей. Таким образом, студенты

speak the Queen's English. To achieve that you must be born not far from Oxford or Cambridge. Or, at a minimum, you must have learned English when your voice muscles were still young. That means very early in your life, before 12 years old. Learning to speak without an accent is almost impossible. You will always need more lessons, says the English teacher who wants more work.

But here is the good news: Your accent just needs to be "understandable"...not perfect. Learners of English often need to stop and think about what they are doing. It is wise to remember to ask: how much English do I *need*?

всегда работали на результат, который был вне досягаемости. Возможно, никто из студентов никогда не будет говорить как Королева Англии. Чтобы достичь этого, вам нужно было родиться недалеко от Оксфорда или Кембриджа. Или, как минимум, вы должны были учить английский тогда, когда ваши голосовые мышцы были еще молоды. Это значит, очень рано, до 12 лет. Выучиться говорить без акцента почти невозможно. Вам всегда будут нужны дополнительные уроки, скажет учитель английского, который захочет побольше работы.

Но есть хорошая новость: ваш акцент должен быть просто «понятным» ... не идеальным. Изучающим английский часто нужно остановиться и подумать о том, что они делают. Будет правильно не забывать

Do I need *all* the fine words and perfect pronunciation? Perhaps not....

спрашивать: сколько английского мне нужно? Нужны ли мне все эти красивые слова и идеальное произношение? Возможно, что нет…

Technical

Idiom - a term for the use of colorful words which may not be understood by non-native speakers.

Lesson - one section of a larger course of study

International

Migrate - to move your home from one country to another. Also: an immigrant is a person who migrates.

Chapter 5

The English Learners' Problem... Can Be Their Edge

Some very expert English speakers take pride in speaking what is called "plain" English. They recommend we use simple English words, and to avoid foreign, borrowed words for example. So speaking plain English is not speaking bad English at all, and might even be speaking rather good English. Using unusual or difficult words does not always mean you know what you are talking about. In many cases, "plain" English is far more useful than other English. The term "Plain English" is the name of a small movement, but the term is most often used between native speakers to tell each

Глава 5

Проблема изучающих английский...может быть их преимуществом

Некоторые очень опытные носители английского языка гордятся тем, что говорят на так называемом «простом» английском. Они советуют, чтобы мы использовали простые английские слова и избегали, например, иностранных, заимствованных слов. Говорить на простом английском вовсе не значит говорить на плохом английском. Использование необычных или трудных слов не всегда означает, что вы знаете, о чем вы говорите. Во многих случаях «простой» английский намного полезнее, чем другой английский. Термин

other that the subject is too difficult. They say: "*Just tell me in plain English!*"

It is very important, on the other hand, to speak correct English. Correct English means using common English words in sentences that have reasonably good meanings. Of course, everyone makes mistakes now and then, but a good goal is to say things in a correct way using simple words. This makes it easier to say things that are useful.

Of course, we know that we say things well enough if people understand what we say. So we need to observe a level of usage and correctness in English which is "enough" for understanding. Less is not enough. And "more than

«Простой английский» не очень часто употребим, но этот термин чаще всего используется между носителями языка, чтобы сказать друг другу, что предмет слишком труден. Они говорят: «Скажи мне на простом английском!»

С другой стороны очень важно говорить на правильном английском. Правильным английский означает использование в предложениях обычных английских слов с достаточно простыми значенияи. Конечно, все иногда делают ошибки, но хорошей целью будет сказать о чем-то правильно, используя простые слова. Легче говорить о том, что полезно.

Конечно же, мы знаем, что говорим о чем-то хорошо, если люди понимают то, что мы говорим. То есть, нам необходимо соблюдать уровень использования и правильности в английском, который и будет

enough" is too much – too difficult – for many people to understand. Most public messages – such as advertisements use fairly common words and fairly simple English. The messages often cost a lot so it is important everyone understands them. On television, time for messages can cost huge amounts so the English used is chosen very carefully. The American Football Super Bowl in the US has advertisements that are very easy to understand. The advertisers pay $2 000 000 a minute for their advertisements, so they want to be sure people understand!

There is a level of English that is acceptable for most purposes of understanding. This is the level that Globish aims to show. As we will see in greater

«достаточным» для понимания. Меньше не есть достаточно. И «более чем достаточно» - слишком много, слишком трудно для понимания многими людьми. Большинство публичных сообщений, таких как реклама, использует довольно обычные слова и достаточно простой английский. Эти сообщение часто дорого стоят, поэтому важно, чтобы каждый их понимал. На телевидении время может стоить огромных денег, поэтому используемый там английский очень тщательно отбирается. В США очень простую для понимания рекламу использует турнир по американскому футболу «Super Bowl». Рекламодатели платят за рекламу 2 000 000 долларов за минуту, поэтому они хотят быть уверены, что люди понимают.

Существует уровень английского, который приемлем для большинства целей___понимания. Тот уровень, который хочет

detail, Globish is a defined subset of English. Because it is limited, everyone can learn the same English words and then they can understand each other. Globish uses simple sentence structures and a small number of words, so that means you have to learn less. And it can be expanded easily when people choose to do this.

The Globish word list has 1500 words. They have been carefully chosen from all the most common words in English. They are listed in the middle of this book. In the Oxford English Dictionary there are about 615000 entries. So how could 1500 words be enough? This book

– in Globish – uses those 1500 basic words

and their variations.

This list of 1500, of course, will

показать Глобиш. Как мы увидим более детально, Глобиш определен как подмножество английского. Поскольку он имеет границы, каждый может выучить те же английские слова и затем понимать друг друга. Глобиш использует простую структуру предложений с небольшим количеством слов, и это значит, что вам нужно меньше учить. И он может легко расширен, когда люди захотят это сделать.

Список слов Глобиша содержит 1500 слов. Они были тщательно отобраны из всех обычных слов в английском языке. Они перечислены в середине книги. А в Оксфордском Словаре английского языка имеется примерно 615 000 слов. Как же

1500 слов может быть достаточно? Эта

книга – на Глобише – использует эти 1500 базовых слов и их варианты.

Этот список 1500 слов,

also accept a few other words which are tied to a trade or an industry: call them "technical words." (Technical is a technical word.) Some technical words are understood everywhere. In the computer industry, words like web and software are usually known by everyone. They are from English or are made up, like Google. And in the cooking industry, many words are French, like "sauté" or "omelette".

Globish also uses words that are already international. Travelers communicate using words like "pizza", "hotel", "police", "taxi", "stop", "restaurant", "toilets", and "photo".

1500 is a lot of words, because English has been a language where words "father" words. The children words of the first 1500 words are easy to learn. For instance, "care" is the father of "careful, carefully,

конечно же, примет и другие слова, которые связаны с торговлей или индустрией: назовем их «**технические слова**» (**Техническое** -это техническое слово). Некоторые технические слова понимают везде. В компьютерной индустрии такие слова, как web и software обычно знает каждый. Они из английского языка или придуманы как Google. А в кулинарии многие слова французские, такие как "sauté" или "omelette".

Глобиш также использует слова, которые уже стали международными. Туристы общаются, используя такие слова: „**pizza**", „**hotel**", „**police**", „**taxi**", „**stop**", „**restaurant**", „**toilets**" и „**photo**".

1500 - это много слов, потому что английский - это язык, где слова «порождают» слова. Слова-дети первичных 1500 слов легко выучить. К примеру, "care" является отцом слов "careful, carefully,

carefulness, careless, carelessly, carelessness, uncaring, caretaker, etc…" It is the same with "use" and hundreds of other words. If you count all the fathers and their children you find over 5,000 Globish words.

Experts say most native English speakers use only about 3,500 words. Well-educated speakers may know many more words but probably only use about 7,500 words. It is demonstrated that even native speakers with high education say 80% of what they have to say with only 20% of their word-wealth. This is only one good example of a universal law called the "Pareto Principle", named after its Paris-born inventor. The Pareto Principle states: For all things that happen, 80% of the results come from 20% of the causes. So, 20% of the educated native speaker's 7500 word wealth is….1500. So with 1500 words, you may communicate better than the average native English speaker, and perhaps as well

carefulness, careless, carelessly, carelessness, uncaring, caretaker, etc…" То же самое со словом "use" и сотнями других слов. Если вы сосчитаете всех отцов и их детей, вы найдете более 5000 слов Глобиша.

Эксперты говорят, что большинство носителей английского языка используют только около 3500 слов. Хорошо образованные люди могут знать гораздо больше слов, но используют только 7500 слов. Это показывает, что даже носители языка с высшим образованием используют 80% того, что им нужно сказать только с помощью 20% их словарного запаса. Это только один пример универсального закона, называемого «Принципа Парето», названное в честь его парижского изобретателя. Принцип Парето утверждает, что 80% результатов происходит от 20% причин. Итак, 20% из 7500 слов словарного запаса

as the highly-educated one –
for 80% of the ideas. For the
20% left over, in Globish you
can use a definition instead.
You will not say "my
nephew", as this could be too
difficult in many non-English
speaking countries. You will
say instead: "the son of my
brother". It will be all right.

образованных   носителей
английского   языка
составляет …1500. Итак, с
1500 словами вы можете
лучше общаться, чем
средний   носитель
английского языка, и,
возможно, так же хорошо,
как те, у кого высшее
образование – для 80% всех
мыслей.   Итак,   для
оставшихся 20% мы можем
использовать в Глобише
определение. Вы не будете
говорить "my nephew", так
как это слишком трудно во
многих   неанглоговорящих
странах. Вместо этого вы
скажете: "the son of my
brother". И это будет
нормально.

**But where did the 1500 words
come from?**

**Откуда же появились эти
1500 слов?**

Various lists of most-
commonly-used English words
have suggested the 1500 basic
words of Globish. However,
the value of a set of words
should not be by the place they
come from but how well we
use them.

Разные списки наиболее
употребительных
английских   слов
предложили 1500 базовых
слов Глобиша. Однако
ценость набора слов не
должна быть от того, откуда
они, а как хорошо мы их

Globish is correct English *and* it can communicate with the greatest number of people all over the world. Of course, native English speakers can understand it very quickly because it is English. And even better: they usually do not notice that it is Globish. But non-native English speakers *do* see the difference: they understand the Globish better than the English they usually hear from native English speakers.

используем.

Глобиш - это правильный английский, и с его помощью можно общаться с огромным количеством людей по всему миру. Конечно, носители английского языка могут понять его очень быстро, потому что это английский. И даже лучше: Они обычно не замечают, что это Глобиш. Но неносители английского языка видят разницу: они понимают Глобиш лучше, чем английский, который они обычно слышат от носителей английского языка.

Chapter 6
The Value of a Middle Ground

There is a story about one of the authors. He worked for an American oil exploration company in his youth. He did not grow up in Oklahoma or Texas like the other workers. One time he had to work with map makers in the high plains of Wyoming. There, the strong winds are always the enemy of communication.

His job was to place recording devices on a long line with the map makers. He would go ahead first with a tall stick, and the oil company map makers behind would sight the stick from far away. They waved at him, to guide him left or right. Then he would shout out the number of the device he planted there, on that straight

Глава 6
Ценность общей почвы

Эта история об одном из авторов этой книги. В молодости он работал в американской нефтеразведочной компании. Он не вырос в Оклахоме или в Техасе как другие рабочие. Однажды ему пришлось работать с создателями карт на высокогорьях Вайоминга. Сильные ветры - всегда враги коммуникации.

Его работа состояла в установке записывающих устройств на длинной линии с составителями карт. Он шел впереди с длинной палкой, и составители карт нефтяной компании наблюдали за палкой издали. Они махали ему, показывая влево или вправо. Затем он должен был выкрикивать номер

line. The wind was very loud and he had to shout over it. But often the map makers from Oklahoma and Texas would just shake their heads. They could not understand what he shouted. The boy couldn't talk right – they said.

Then one night, all the men had drinks together. They said they did not want to fire him, but they could not understand his numbers in the wind. After a few more drinks, they decided they could be language teachers. They taught him a new way to count, so the wind would not take away the numbers when he shouted them.

Some of the numbers in the new dialect of English sounded familiar, but others were totally different: (1) "wuhn" (2) "teu" (3) "thray" (4) "foar" (5) "fahve" (6) "seex" (7) "sebn" (8) "ate" (9)

устройства, которое он установил на этой прямой линии. Ветер был очень шумный, и ему приходилось его перекрикивать. Но часто создатели карт из Оклахомы и Техаса просто качали головами. Они не могли понять, что он кричит. Они говорили, парень не может правильно разговаривать.

Однажды вечером все мужчины выпивали вместе. Они сказали, что не хотят его увольнять, но они не могут понять его номера на ветру. После нескольких рюмок они решили, что будут учителями языка. Они научили его новому способу счета, чтобы ветер не уносил числа, когда он будет их выкрикивать.

Некоторые числа на новом диалекте английского звучали знакомо, но другие были совершенно отличны: (1, one) „wuhn" (2, two) „teu" (3, three) „thray" (4, four) „foar" (5, five) „fahve"

"nahne" (10) "teeyuhn" (11) "lebn", and on like that. The map-makers were very happy, and not just because of the drinks. They had saved more than a job. They felt they had saved a soul. They had taught someone to "talk right" as they knew it.

Many people have experiences like this. If we do not speak different languages or dialects, at least we speak differently at times. We can copy different accents. Sometimes we speak in new ways to make it easier for others to understand us, and sometimes to sound like others so we are more like them. We often use different ways of speaking for jokes.

It should be easy to use Globish - the same words for everyone everywhere in the world. One language for

(6, six) „seex" (7, seven) „sebn" (8, eight) „ate" (9, nine) „nahne" (10, ten) „teeyuhn" (11, eleven) „lebn", и далее в таком духе. Составители карт были счастливы и не только из-за выпивки. Они спасли больше, чем работу. Они спасли душу. Они научили кого-то „говорить правильно", как они это умели.

Многие люди проходили через это. Если мы не говорим на разных языках или диалектах, то тогда мы, по меньшей мере, говорим по-другому. Мы можем имитировать разные акценты. Иногда мы говорим проще, чтобы другие поняли нас, и иногда звучим как другие, чтобы более походить на них. Мы часто используем разные способы, когда рассказываем шутки.

Глобиш будет легко использовать – одни слова для всех и везде в мире. Один язык для всех будет

everyone would be the best tool ever. It would be a tool for communication in a useful way. It might not be as good for word games as English, or as good for describing deep feelings. But Globish would be much better for communication between – or with – people who are not native English speakers. And, of course, native English speakers could understand it too.

So Globish makes an effective tool. You'll be able to do almost anything with it, with a good understanding of what it is and how it works.

But Globish does not aim to be more than a tool, and that is why it is different from English. English is a cultural language. It is a very rich language. It sometimes has 20 different words to say the same thing. And it has a lot of different ways of using them in long, *long* sentences.

самым лучшим инструментом. Это будет полезный инструмент для общения. Он, возможно, будет не так хорош для игр в английские слова или описания глубоких чувств. Но Глобиш будет куда лучше в общении между – или с – людьми – неносителями английского языка И, конечно же, носители английского языка будут тоже его понимать

Таким образом, Глобиш создает эффективный инструмент. Вы сможете с ним делать почти все с хорошим пониманием того, что это такое и как это работает.

Но Глобиш не будет служить нечем большим, чем инструмент, и поэтому он отличается от английского. Английский – это язык культуры. Это очень богатый язык. В некоторых случаям одно и то же можно сказать 20 различными словами. И

Learning all the rest of English is a lifetime of work but there is a good reward. People who learn a lot of English have a rich world of culture to explore. They do a lot of learning and can do a lot with what they learn.

But Globish does not aim so high. It is just meant to be a necessary amount. Globish speakers will enjoy travel more, and can do business in Istanbul, Kiev, Madrid, Seoul, San Francisco and Edinburgh.

This will be worth repeating: *Globish is "enough" and less than Globish would be not enough. But more than Globish could be too much, and when you use too much English, many people will not understand you.*

существует множество различных способов их употребления в длинных предложениях. Изучение всего остального английского – это труд всей жизни, но за это есть награда. Для людей, изучающих много английского, открывается богатый мир культуры для ее исследования. Они много могут узнать и много сделать с тем, что узнали.

Глобиш не метит так высоко. Он просто обеспечивает необходимое количество. Говорящие на Глобише будут больше и интереснее путешествовать и смогут вести бизнес в Стамбуле, Киеве, Мадриде, Сеуле, Сан- Франциско и Эдинбурге.

Здесь стоит повторить: *Глобиш „достаточен", и меньше, чем Глобиш будет недостаточно. Но больше, чем Глобиш будет слишком много, и если вы используете слишком много английского, многие люди вас не поймут.*

This confuses some people, especially English teachers. They say: "How is better English, richer English, *not always* better?" English teachers like people to enjoy the language, to learn more and more English. It is their job.

When we see native speakers speak English it seems so easy, we think it should be easy for non-native speakers too. But when we look at English tests, we see that all kinds of English are used. There is no clear level of English, just more and more of it. For example, the TOEIC (Test of English for International Communication) does not tell you when you are ready. It does not say when you have "acceptable" English. Globish is a standard that you can reach. A Globish test can tell you if you have a required amount of language to communicate with other

Некоторых это приведет в замешательство, особенно учителей английского языка. Они скажут: «Значит лучший английский, богатый английский, **не всегда** лучше?» Учителям английского нравится, когда люди получают от языка удовольствие, изучая все больше и больше. Это их работа.

Когда мы видим, как легко носители говорят по-английски, мы думаем, что для неносителей это тоже будет легко. Но когда мы смотрим в английские тесты, то видим, что в них используется весь английский. Нет ясного уровня английского, только все больше и больше английского. К примеру, TOEIC (английский тест по международному общению) не показывает вам, когда вы готовы. Он не говорит и то, когда у вас уже «приемлимый» английский. Глобиш является стандартом, которого вы можете

people. That is what brings "understanding" – and either we have it, or we don't.

The British Council says (in Globish again):

> "For ELF (English as a Lingua Franca) being <u>understood</u> is most important, **rather** **more** important than being perfect. The goal of English – within the ELF idea – is not a native speaker but a good speaker of two languages, with a national accent and some the special skills to achieve understanding with another non-native speaker."

These non-native speakers, in many cases, speak much less perfect English than native speakers. Speaking with

достичь. Тест по Глобишу может сказать вам, есть ли у вас требуемое количество языка, чтобы общаться с другими людьми. То, что дает «понимание» - или оно есть, или его нет.

Британский Совет говорит (снова на Глобише):

> Для ELF (английский как Lingua Franca) быть понятым наиболее важно, более, чем быть идеальным. Цель английского – в рамках этого ELF – не носитель языка, а хорошо говорящий на двух языках, с национальным акцентом и некоторыми особыми способностями, чтобы быть понятыми другим неносителем языка».

Эти неносители языка, во многих случаях, говорят более или менее совершенно, чем носители.

words that go past the words they understand is the best way to lose them. It is better then, to stay within the Globish borders. It is better to do that than to act as if you believe that the best English shows the highest social status. **With Globish, we are all from the same world.**

Говорить слова, которые выходят за рамки тех слов, которые они понимают, лучший способ их потерять Тогда лучше оставаться в границах Глобиша. Лучше делать так, чем действовать, будто ты веришь, что лучший английский демонстрирует самый высокий социальный статус. **С Глобишем мы все из одного и того же мира.**

Chapter 7

The Beginnings of Globish

The *most* important thing about Globish is that it started with non-native English speakers. Some English professor could have said "I will now create Globish to make English easy for these adults who are really children." Then Globish would not be global, but just some English professor's plaything. But the true Globish idea started in international meetings with British, Americans, continental Europeans, and Japanese, and then Koreans. The communication was close to excellent between the British and the Americans. But it was not good between those two and the other people. Then there was a big surprise: the communication between the last three groups, continental Europeans, Japanese, and

Глава 7

Истоки Глобиша

Самое важное по поводу Глобиша то, что он начался с неносителей английского языка. Некий английскоий профессор мог бы сказать: «Я сейчас создам Глобиш, чтобы английский стал легче для тех взрослых, которые на самом деле дети». Тогда Глобиш не был бы глобальным, а был бы только игрушкой некого профессора. Но истинная идея Глобиша началась на международных встречах с британцами, американцами, континентальными европейцами, японцами и, затем, корейцами. Общение было почти превосходным между британцами и американцами. Но оно не было хорошим между ними и другими людьми. Тогда

Koreans, was among the best. There seemed to be one good reason: they were saying things with each other that they would have been afraid to try with the native English speakers – for fear of losing respect. So all of these non-native speakers felt comfortable and safe in what sounded like English, but was far from it.

But those non-native English speakers were all *talking* to each other. Yes, there were many mistakes. And yes, the pronunciation was strange. The words were used in unusual ways. Many native English speakers think English like this is horrible. However, the non-native speakers were enjoying their

случилось удивительное: общение между остальными тремя группами, континентальными европейцами, японцами и корейцами было среди лучших. Казалось, была одна хорошая причина: они говорили друг с другом о вещах, о которых они боялись сказать в присутствии носителей английского языка – из-за страха потерять их уважение. И все эти неносители чувствовали себя комфортно и безопасно при том, что звучал как английский, но был далек от него.

Но эти неносители английского языка все *говорили* друг с другом. Да, было много ошибок. И, да, произношение было странным. Слова использовались необычным образом. Многие носители английского языка думают, что такой английский ужасен. Однако, неносители языка

communication.

But as soon as one of the English or Americans started speaking, everything changed in one second. The non-native speakers stopped talking; most were afraid of speaking to the native English speakers. None of them wanted to say a word that was incorrect.

It is often that way across the world. Non-native English speakers have many problems with English. Some native English speakers say non-natives speak "broken English." In truth, non-native English speakers talk to each other effectively *because* they respect and share the same limitations.

The Frenchman and the Korean know they have similar limitations. They do not use rare, difficult-to-

получали удовольствие от своего общения.

Но как только начинал говорить англичанин или американец, за одну секунду все менялось. Неносители замолкали; многие боялись говорить с носителями английского языка. Нико из них не хотел сказать слово, которое было неправильным.

Так часто бывает во всем мире. У неносителей английского языка много проблем с англичанами. Некоторые носители английского языка говорят, что неносители разговаривают на «ломаном английском». По правде говоря, неаносители английского языка эффективно говорят друг с другом, потому то они уважают и разделяют одни и те же ограничения.

Француз и кореец знают, что у них одинаковые ограничения. Они не используют редкие,

understand English words. They choose words that are "acceptable" because they are the easiest words they both know. Of course, these are not always those of the native speakers, who have so many more words to choose from.

The idea of Globish came from this observation: limitations are not always a problem. In fact, they can be useful, if you understand them. Jean-Paul Nerrière could see that *"if we can make the limitations exactly the same, it will be as if there are no limitations at all"*. He decided to record a limited set of words and language that he observed in most non-English speakers. He then suggested that people from various mother tongues can communicate better if they use these carefully chosen limitations. Globish is that "common ground."

трудные для понимания слова. Они выбирают «приемлимые» слова, потому что это самые простые слова, которые они оба знают. Конечно, это не всегда слова носителей английского языка у которых так много слов, из которых можно выбирать.

Идея Глобиш пришла из этого наблюдения: ограничения не всегда является проблемой. Фактически, они могут быть полезными, если вы их понимаете. Жан-Поль Неррьер смог заметить, что *«если мы сделаем ограничения одинаковыми, это будет так, будто ограничения вовсе нет»*. Он решил записать ограниченный набор слов и языка, который он наблюдал у большинства неносителей английского языка. Затем он решил, что люди с разными языками могут лучше общаться, если они будут использовать эти тщательно отобранные ограничения. Это и есть Глобиш.

Nearly-Identical Limitations Worldwide
Очень похожие ограничения по всему миру

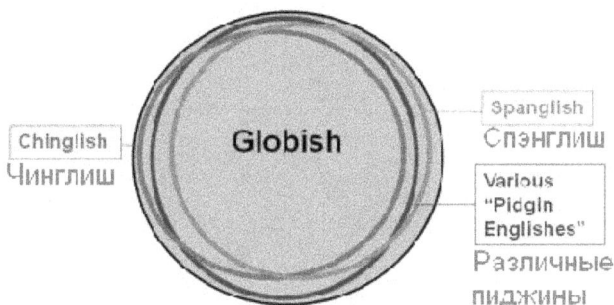

Chinglish
Чинглиш

Spanglish
Спэнглиш

Various
"Pidgin
Englishes"

Globish

Различные
пиджины

Globish Combines Limitations
Глобиш объединяет ограничения

This theory of limitations is not as strange as it might seem at first. Most human activities have some limitations.

The World Cup is one of the most-watched competitions in the world, because its set of "limitations" makes it a great game for everyone. In this game of foot-ball, players must use their feet most of the time to control the ball, so tall people and people with big arms do not always win. Some people say it is dancing with the ball; the limitations make it beautiful.

Эта теория ограничений не так странна, как может показаться на первый взгляд. Большая часть деятельности человека имеет свои рамки.

Кубок Мира – одно из самых зрелищных соревнований в мире, так как его набор «ограничений» делает его великой игрой для каждого. В футболе игроки большую часть времени должны использовать ноги для контроля меча, и люди высокого роста и длинными руками не всегда выигрывают.

Ballet, of course, has limitations too; it is what you say with your body. And people of every language enjoy both of these. The beauty happens when the limitations are the same. Globish is about having the same limitations, so there is no limit to what can be communicated between people speaking or writing or reading Globish.

We hope the dancers will not start singing in ballets. But what happens when you can use your hands in "football?" Then – mostly in the English-speaking cultures – we see their American football and Rugby football. These do not have the limitations of playing only with their feet. Not as many people in the world can sit

Некоторые люди говорят, что это танец с мячем; ограничения делают его прекрасным.

В балете, конечно, тоже есть свои ограничения; это то, что ты говоришь языком своего тела. И людям с любым языком нравится и то и другое. Красота появляется тогда, когда ограничения одинаковы. Глобиш имеет почти такие же ограничения, поэтому нет пределов в том, что может быть содержанием общения между людьми, говорящими, пишущими или читающими на Глобише.

Мы надеемся, что танцоры не начнут в балете петь. И что случится, если в футболе буду использовать руки? Тогда – в большей части англоязычных странах – мы увидим их американский футбол и регби. В игре не будет правил играть только ногами. Немногие люди в мире смогут собраться,

together and enjoy watching. It is not something they all can share, all knowing the same limitations.

The limitations of Globish also make it easier to learn, easier to find a word to use. Native English speakers seem to have too many words that say the same thing and too many ways to say it.

So communication between non-native speakers can be much more effective when they are using Globish. And if non-native and native speakers use Globish between themselves, both of them will understand. Most people would think that native English speakers could know how to speak Globish in one second. But that is not true. Native English speakers who use too many words in too many ways are, in fact, missing a huge opportunity to communicate with the world.

чтобы насладиться зрелищем. Это не будет тем, что можно смотреть вместе, когда каждый знает такие же правила.

Границы Глобиша так же облегчают обучение и поиск нужного слова. У носителей английского языка, похоже, слишком много слов, чтобы сказать то же самое, и слишком много способов сказать это.

Итак, общение между неносителями английского языка может быть более эффективным, когда они используют Глобиш. И если носители языка и неносители используют Глобиш между собой, они будут понимать друг друга. Большинство людей могут подумать, что носители английского языка за одну секунду поймут, как говорить на Глобише. Но это не так. Носители английского языка, использующие слишком много слов слишком многими способами,

The British Council tells us (here in Globish):

> "People have wondered for years whether English is so solid in international communication that even the rise of China could not move it from its high position. The answer is that there is already a new language, which was being spoken quietly while native-speakers of English were looking the other way. These native-speakers of English were too happy when they thought their language was the best of all. The new language that is pushing out the language of Shakespeare as the world's Lingua Franca is English itself – English in its

фактически, теряют огромную возможность общаться со всем миром.

Британский Совет говорит нам (здесь на Глобише):

> « Люди годами задавались вопросом, является ли английский таким прочным в международном общении, что даже подъем Китая не сможет сдвинуть его с его высокой позиции. Ответом будет, что уже есть новый язык, на котором спокойно говорили, пока носители английского языка искали другой путь. Эти носители английского языка были слишком счастливы, когда думали, что их язык лучше всех. Новый язык, который выталкивает язык Шекспира как мировой Lingua

new global form. As this book (English Next) shows, this is not English as we have known it, and have taught it in the past as a foreign language. It is a new happening, and if it represents any kind of winning, it will probably not be the cause of celebration by native English speakers."

Franca, есть сам английский – английский в его глобальной форме. Как показывает эта книга (English Next), это не тот английский, который мы знаем и преподавали в прошлом как иностранный язык. Это новое явление, и если это символизирует какую-то победу, возможно, для носителей английского языка это не будет поводом для праздника.

The British Council continues (in our Globish):

Британский Совет продолжает (на нашем Глобише):

"In organizations where English has become the business language, meetings sometimes go more smoothly when no native speakers are present. Globally, the

В организациях, где английский стал языком бизнеса, иногда совещания проходят более гладко, когда отсутствуют носители

same kind of thing may be happening, on a larger scale. This is not just because non-native speakers fear to talk to a native speaker. The change is that soon the problem may be that few native speakers will be accepted in the community of lingua franca users. The presence of native English speakers gets in the way of communication."

английского языка. Глобально, то же может происходить в большем масштабе. Это имеет место не только потому, что неносители английского языка боятся говорить с носителями. Скоро проблема будет в том, что мало носителей английского языка будет принято в сообщество пользователей lingua franca. Присутствие носителей английского языка затрудняет коммуникации.

Strangely, many native English speakers still believe they can do all things better than non-native speakers just because they speak better English. How long will it take for them to understand that they are wrong? They have a problem that *they are not able* to understand. They do not

Странно, но многие носители английского языка до сих пор верят, что они могут делать все лучше, чем неносители только потому, что они лучше говорят по-английски. Как много времени пройдет, чтобы они поняли, что они

see that many non-native speakers simply cannot understand them. This does not mean the native speaker's English is bad. It means that their *communication* is bad; sometimes they do not even attempt to make their communication useful to everyone. Often they don't know how.

We want everyone to be able to speak to and understand everyone. There is a middle ground, but the native English speakers are not the ones drawing the borders. And because you may not be able to say this to a native speaker, who might not be able to understand – we will say it here.

To belong to the international community, a native English speaker must:

- **understand....** what is explained in this book,

- **accept....** that it is the fact

неправы? У них проблема в том, что *они не способны* это понять. Они не видят, что многие неносители языка просто не понимают их. Это не значит, что английский носителей плох. Это значит, что плоха их *коммуникация*; иногда они даже не пытаются сделать свое участие полезным для всех. Часто они не знают как.

Мы хотим, чтобы все могли говорить и понимать друг друга. Существует общая почва, но носители языка не являются теми, кто очерчивает границы. И из-за того, что вы не можете сказать это носителю английского языка, который возможно не поймет вас – об этом скажем мы.

Чтобы принадлежать к международному сообществу, носитель языка должен:

- **понять....** что разъясняет эта книга

- **принять...** сам факт

of a new world which has many new powers that will be as strong as the English-speaking countries,

- decide **to change** with this new reality, in order to still be a member.

Whenever a native English speaker acts as if *you* are the stupid one, **please give them this book.** If they choose to take no notice of their problem, they will be left out of communication. They will be left out of activities with others – worldwide – if they do not learn to "limit" the way they use their language. English speakers need to limit both spoken and written English for communication with non-native English speakers. In short, they too need to "learn" Globish. It is not an easy exercise, but it can be done. Some of this book will help them.

существования нового мира, у которого много новых сил, которые будут так же сильны, как англоязычные страны.

- решиться **подстроиться** под эту новую реальность, чтобы остаться ее членом.

- Когда носитель английского языка ведет себя, как будто вы глупец, **пожалуйста, дайте ему эту книгу.** Если они предпочитают не обращать внимания на свою проблему, они останутся вне общения. Они будут вне сотрудничества с другими – по всему миру – если они не научатся «ограничивать» использование своего языка. Англоговорящим нужно ограничивать и устную речь и письменный английский в общении с неносителями языка. Короче говоря, им также нужно «выучить» Глобиш.

Это нелегкое дело, но оно может быть сделано. Эта книга поможет им.

Globish has a special name

It is very important that the Globish name is *not* "English for the World" or even "Simple English." If its name were *any kind* of English, the native English speakers would say. "OK, we won. Now all you have to do is speak better English." Without the name Globish, they will not understand it is a special kind of English, and it is no longer "their" English. Most native English speakers who understand this should decide they like it. Hopefully they will say: "Now I understand that I am very lucky. Now my language will be changed a little for the rest of the world. Let me do my best, and they can do their best, and we will meet in the middle."

Глобиш - специальное название

Очень важно, что название Глобиш **не** «Английский для мира» или даже «Простой английский». Если бы его название было любым **вариантом** английского, носители английского языка могли бы сказать. «Хорошо, мы победили. Сейчас все, что вам нужно, это говорить по-английски лучше». Без названия Глобиш они не поймут, что это особый вид английского языка, и, что это больше не «их» английский. Большинство англоговорящих, кто понимает это, должны решить, что он им нравится. Надеемся, что они скажут: «Сейчас я понимаю, что я очень счастлив. Сейчас мой язык

должен быть слегка изменен для остального мира. Я сделаю все от меня зависящее, и они сделают то же, и мы встретимся посередине.

So *Globish* is a word that tells native English speakers – and non-native speakers – that Globish has a different meaning. Globish is the global language, the language people everywhere can speak. Globish is a name to say that there are limits which everyone can learn. There is a clear set of things they need to learn. And when they learn them, they are done.

Таким образом, слово Глобиш говорит носителям английского языка и неносителям, что Глобиш имеет другое значение. Глобиш является глобальным языком, языком, на котором люди могут говорить везде. Название Глобиш говорит о границах, который может знать каждый. Существует ясный набор вещей, которые им нужно выучить. И когда они их выучат, они готовы.

Language is equal on this Globish middle ground. No one has an edge. No one can be above anyone else because of language. This is the land where everybody can offer the best ideas with all of his or her professional and personal abilities. Globish will be a foreign language to

Язык равен на этой «общей почве» Глобиша. Никто не имеет преимущества Никто ни над кем не возвышается из-за языка. Это земля, где каждый может предложить лучшие идеи своих профессиональных и личностных возможностей. Глобиш станет

everyone, without exception. It is not "broken English." It is another version of English to which no native English speaker was born.

We all come together here.

иностранным языком для каждого без исключения. Это не «ломаный английский». Это другая версия английского, которая родилась срели носителей английского языка.

Мы все здесь встретимся.

Chapter 8
Is Globish More Useful than English?

We talk a lot about international communication, but Globish is also important for *national* communication. In many countries, people speak several languages that are all important. Swiss people speak German, Italian, French or Romansh. Belgians speak French, German, Dutch or Flemish. The largest countries like India, and Russia, and China each have many local languages. Israelis speak Hebrew or Arabic. In many cases, all those people only know their own language. They cannot communicate together because they know only one language; their own. In some countries, even people who *can* speak

Глава 8
Глобиш полезнее, чем английский?

Мы много говорим о международном общении, но Глобиш так же важен *для национального* общения. Во многих странах люди говорят на нескольких языках, все из которых важны. Швейцарцы говорят на немецком, итальянском, французском и ретророманском. Бельгийцы – на французском, немецком, голландском или фламандском. У больших стран, таких как Индия, Россия и Китай, есть много местных языков. Израильтяне говорят на еврейском или арабском. Во многих случаях все эти люди знают только один язык; их собственный. Во

another language try *not* to speak it. It is the language of a group they do not like.

In all those cases, Globish is the solution. It is much better defined than the "broken English" which is left over from sad school days. Already, in many of these countries, people try to communicate in English just because it is neutral. It is not the language of any one group. Globish is good for them because it offers a solution and is easy to learn.

For people who do not have the time or the money for a full English program, Globish is good. Its plain and simple English will work for them. With Globish they can learn what they need – but no more. They also like the idea of Globish because it is a

многих странах даже те люди, которые *могут* говорить на другом языке, стараются на нем *не* говорить. Это язык тех, кто им не нравится.

Во всех эти случаях Глобиш есть решение. Он намного лучше подходит, чем «ломаный английский», который остался позади в грустных школьных днях. Уже во многих из этих стран люди стараются общаться на английском просто потому, что он нейтральный. Он не принадлежит какой-то группе. Глобиш для них приемлим, потому что он предлагает решение проблемы и легок в изучении.

Для людей, у которых нет времени и денег для полной программы английского, Глобиш вполне подходит. Его простой и ясный английский принесет пользу. С Глобишем они смогут выучить то, что им

solution for the person in the street. English, in most cases, is available for educated people, the upper class. In these countries with more than one language, the rich can travel, and the rich can send their children to study in English-speaking countries. The poorest people also need English, to get ahead in their nation and the world, but they do not have the same resources. Globish will allow the people inside nations to talk more, and do more business there and with the rest of the world. That is the result of Globish – more national talk and more global talk.

What makes Globish more inviting is that people can use it very soon. The learners quickly learn some Globish, then more, then most of what they need, and finally all of it.

нужно, но не больше. Им нравится идея Глобиша, так как это решение для человека с улицы. В большинстве случаев английский подходит для образованных людей высшего класса. В этих странах с более чем одним языком, богатые могут путешествовать и отправлять своих детей учиться в англоязычные страны. Самым бедным тоже нужен английский для продвиженя в своей стране и мире, но они не располагают такими же ресурсами. Глобиш позволит людям внутри своей страны говорить больше и вести больше бизнеса у себя и с остальным миром. Это результат Глобиша – больше национального и мирового общения.

То, что Глобиш будет очень скоро использоваться людьми, делает его привлекательным. Изучающие быстро выучат немного Глобиша, затем

So, Fast Early Progress (FEP) and a Clear End Point (CEP) improve the student's wish to continue. The Return On Effort (ROE) is just as important as ROI (Return On Investment) is for a business person. In fact, they are very much alike.

An investor wants to see a valuable return, and a pathway to get there, and a defined end point. In this case, however, every person can be an investor in his or her own future.

The average person in the street has valuable skills or ideas that are not being used. If they cannot operate in all of their nation or all of the world, then those skills or ideas have much less value. So we are all investors.

больше, затем столько, сколько им нужно, а затем весь. Поэтому «Быстрый Ранний Прогресс» (FEP) и Ясная Конечная Цель (CEP) усилят желание студентов продолжать занятия. Возврат Усилий (ROE) так же важен как ROI (Возврат Инвестиций) для бизнесмена. Фактически, они очень похожи.

Инвестор хочет видеть достойную отдачу и путь к достижению цели и определенную конечную цель. Однако, в этом случае каждый человек может быть инвестором в свое будущее.

У среднего человека с улицы есть ценные способности или идеи, которые не используются. Если они не могут быть применены по всей его стране или во всем мире, тогда такие способности или идеи имеют меньшую ценность. Итак, мы все инвесторы.

gl🌐bish

Быстрый ранний прогресс	Ясная конечная цель	Возврат усилий
Fast Early Progress (FEP) +	**Clear End Point (CEP)** =	**Return On Effort (ROE)**
Build on English you have. Globish doesn't need all the kitchen tools, English measures, cultural ideas, or perfect Oxford Pronunciation	*"Enough English" means you can do the most business, travel in the most countries, and talk to the most people, and write to the most people.*	*From "Enough" - each 5% "better" English requires another year of study. All people don't have the time or the money to be more perfect.*
Построен на вашем английском. Глобишу не нужны все кухонные предметы, английские меры, культурные идеи и совершенное оксфордское произношение.	"Достаточный английский" означает, что вы можете заниматься большей частью бизнеса, ездить в большинство стран, говорить и писать большей части людей.	от "достаточного" каждые 5% "лучшего" английского требует еще один год занятий. Не все люди могут иметь время или деньги для большего совершенствования.

There are several ways to learn Globish. Some learners know about 350 to 500 common words in English and can read and say them. Learning Globish can take these people about 6 months if they study for an hour every day, including practice writing and speaking. In six months, with more than 120 days of learning, they can

Есть несколько способов выучить Глобиш. Некоторые учащиеся знают примерно от 350 до 500 базовых английских слов и могут прочитать и сказать их. На изучение Глобиша у них уйдет около шести месяцев, если они будут заниматься по часу каждый день, включая практику

learn just 10 words a day. That should not be too hard.

There may not be a class in Globish near you. However, if you know the limitations given in this book, you can direct a local English teacher to give you only those Globish words and only those Globish sentence structures. *You are the customer*, and you can find English teachers who will do what you ask them to. They do not have to be native-English speakers for you to learn.

Another good thing about this method is that you can start Globish where your last English stopped. If you start Globish knowing 1000 of the most-used English words, then it may take you only 3

письма и речи. Через шесть месяцев изучения с более чем 120 днями занятий они могут выучивать только 10 слов в день. Это будет не слишком трудно.

Возможно рядом с вами не будет курсов Глобиша. Однако, если вы знаете ограничения, данные в этой книге, вы можете попросить местного учителя английского дать вам только слова Глобиша и только предложения со структурой Глобиша. Вы *клиент*, и вы можете найти учителей английского, которые будут делать то, что вы попросите. Чтобы вас учить, им вовсе не обязательно быть носителями английского языка.

Еще одна хорошая сторона этого метода то, что вы можете начать учить Глобиш там, где вы остановились в английском. Если вы начали учить

months to master Globish. That is one of the best things about learning Globish. You know how much to do because you know where it will end.

There are Globish learning materials available. This book - in Globish - has the 1500 words and some other things you need to know. There are a number of materials on Globish already written in local languages or in Globish. There are also computer-based courses, and even a Globish course on a cell phone, the most widely available tool in the world. A lot of written and audio Globish can now be in your pocket or bag.

We should say a few words about pronunciation here. A good teacher can explain how to make clear English sounds. Most teachers will also have

Глобиш, зная 1000 наиболее употребительных английских слов, тогда у вас займет только три месяца, чтобы освоить Глобиш. Это самое лучшее в изучении Глобиша. Вы знаете, сколько надо сделать, потому что вы знаете, где это закончится.

Есть учебные материалы по Глобишу. Эта книга на Глобише содержит 1500 слов и другие вещи, которые вам нужно знать. Есть несколько материалов по Глобишу уже написанны на лместных языках или на Глобише. Есть также компьютерные курсы и даже Глобиш-курсы по мобильному телефону, самому доступному инструменту в мире. Большая часть письменного и устного Глобиша уместится в вашем кармане или сумке.

Здесь надо немного сказать о произношении. Хороший учитель скажет, как правильно произносить звуки. У большинства

audio for you to practice with those sounds. There is a lot of recorded material for learners to practice with. A lot of it is free on the radio, or the World Wide Web. And all of this audio is usually available with the most perfect English accent you can dream of. It can be the Queen's accent. It can be President Obama's accent. It can be whatever you want. Learners should hear different kinds of accents.

You have read here already that a perfect pronunciation is not needed, but only an understandable one, and that is plenty. You must believe this. After all, what is a *perfect accent*? London? Glasgow? Melbourne? Dallas? Toronto? Hollywood? Hong Kong? They *all* think they are perfect! Still, it is widely accepted that only native English speakers can really

учителей есть для вас аудиоматериалы для тренировки этих звуков. Сущестует много записанных материалов для изучения языка. Многие из них бесплатны на радио или во всемирной паутине. И все эти доступные аудиоматериалы обычно с отличным английским произношением, о котором вы могли бы только мечтать. Это может быть произношение Королевы. Произношение президента Обамы. Это может быть все, что вы захотите. Учащиеся должны слышать различные произношения.

Вы уже прочитали, что идеальное произношение не нужно, а только то, которое понимаемо и просто. Вы должны в это поверить. И вообще, что есть *идеальный акцент*? Лондонский? Глазго? Мельбурский? Даллаский? Торонто? Голливудский? Гонгконгский?. Все они считают, что они идеальны! И все-таки везде принято, что только носители

teach English, and that the teachers with another background should feel like second-class citizens. But this world is changing…quickly.

Before this century, any native English speaker in any non-English-speaking city could sound like he or she knew much more about English, just by pronouncing English quickly and correctly. Non-native English teachers were sometimes worried that they were not well-qualified. They worried that people would discover their English was not perfect. There is good news now. Those days are gone. The old ideas might have been correct about English teaching in the year 1900, but not now. This is a new century. And Globish is the new language in town.

If you are such a teacher of

английского языка действительно могут обучать английскому, и учителя другого происхождения должны чувствовать себя как граждане второго класса. Но этот мир меняется… быстро.

До начала этого века любойт носитель английского языка в любом неанглоязычном городе звучал так, как будто он знает немного больше английского только из-за того, что он говорит по-английски быстро и правильно. Учителя неносители английского языка иногда беспоколись, что они не достаточно квалифицированы. Они беспокоились, что люди узнают, что их английский не идеален. А теперь хорошая новость. Эти дни прошли. Старые идеи о преподавании английского были, возможно, верны в 1900 году, но не сейчас. Это новый век. И Глобиш – новый язык в нашем «городе».

Если вы такой

English, things will change for you... all to the better.

If you are such a teacher: welcome to a world that really wants what you can do.

преподаватель английского, все для вас изменится... к лучшему.

Если вы такой учитель: добро пожаловать в мир, которому действительно нужно то, что вы можете делать.

Chapter 9
A Tool and... A Mindset

Globish can achieve what it does because it is useful English *without* a huge number of words and cultural idioms. If Globish speakers can use just this middle level of English, they will be respected everywhere in the world. But the most important difference between English and Globish is how we think when we use Globish.

Who is responsible for effective communication? Is it the speaker and writer, or the listener and reader? The

Глава 9
Инструмент и...способ мышления

Глобиш способен выполнить то, что он делает, потому что это - полезный английский язык *без* огромного количества слов и культурных идиом. Если говорящие на Глобише смогут использовать только этот средний уровень английского, их будут уважать во всем мире. Но самая большая разница между английским и Глобишем – это то, как мы думаем, когда используем Глобиш.

Кто отвечает за эффективное общение? Спикер и писатель, или слушатель и читатель?

listener and reader cannot make communication good if the speaker or writer does not help. Who is guilty if the message does not get across? Who should do everything possible to make sure he or she is understood?

In English, the usual native speaker would answer: "Not me. I was born with English as a mother tongue, and I started listening to it – and learning it – in my mother's arms. If you do not understand me, it is your problem. My English is perfect. When yours gets better, you will not have the same difficulty. If you lack the drive to learn it, this is your problem, and not mine. English is the most important language. I am not responsible for that, but there is nothing I can do to make it different."

Globish is the complete opposite: the person who wants to talk must come at

Говорящий и пишущий не могут хорошо общаться, если говорящий и пишущий им не помогают. Кто виноват, что сообщение не принято? Кто должен сделать все возможное, чтобы быть уверенным, что его или ее поняли?

В случае английского обычный носитель языка ответил бы: «Не я. Я родился с английским как родным языком, я начал слушать его - и учить его - на руках моей матери. Если вы меня не понимаете, это ваша проблема. Мой английский идеален. Когда ваш станет лучше, у вас не будет этой проблемы. Если у вас нет стремления учить его, это - ваша проблема, а не моя. Английский самый важный язык. Я за это не отвечаю, но не могу ничего сделать для изменения этой ситуации.

Глобиш – полная противоположность: человек, который хочет

least half the distance to the person he talks to. He or she must decide what is necessary to make the communication happen. The native English speaker or the excellent speaker of English as a second language must say: "Today I must speak at the Globish level so this other person can understand me. If my listeners do not understand me, it is because I am not using the Globish tool very well. This is my responsibility, not theirs." Of course, not everyone accepts the idea of Globish yet. Perhaps they never heard about it. Perhaps they could never find the time to learn about it. Or perhaps they did not think they needed it.

Even if there are just two people, if this communication is important, Globish will help. This means you – the speaker – will take responsibility, using simple

говорить, должен пройти половину пути к человеку, с которым он говорит. Он или она должны решить, что необходимо сделать, чтобы общение имело место. Носитель английского языка или тот, кто отлично говорит на английском, как на втором языке, должен сказать: «Сегодня я должен говорить на уровне Глобиша, чтобы этот человек мог меня понять. Если мои слушатели меня не понимают, значит я не очень хорошо использую Глобиш. За это отвечаю я, а не они». Конечно, не каждый сразу примет идею Глобиша. Возможно, они о нем никогда не слышали. Или, возможно, они не думали, что он им нужен.

Даже, если есть только два человека и если это общение важно, Глобиш поможет. Для вас, сворящего, это значит, что

Globish words in a simple way, and using Globish "best practices" including body language and charts or pictures we can see. Most of all, when using Globish, the speaker should wait for the listeners, to check they understand.

If there is a group of people, maybe only one does not speak Globish. The speaker can think: "This person is the only one in the group who can not understand or communicate in Globish. That is too bad. I will ask one of the others to help that one by explaining what was said in this discussion."

So sometimes we decide it is better to communicate with those who understand, and

вы берете на себя ответственность использовать простые слова Глобиша простым способом, используя «лучшие стороны» Глобиша, включая язык тела и схемы или картинки, которые можно увидеть. Прежде всего, используя Глобиш, говорящий должен ждать слушателей, проверять, что они понимают.

Если есть группа людей, возможно, кто-то из них не говорит на Глобише. Говорящий может подумать: «Этот человек единственный в группе, который не понимает и не может общаться на Глобише. Это очень плохо. Я попрошу кого-нибудь другого, чтобы он объяснил, о чем говорилось на этой встрече.»

Итак, иногда мы решаем, что лучше общаться с теми, кто понимает и позволяем

let them tell any others. This means it is good to stop now and then, so the other persons can learn what was said. The English speakers will understand anyway, and the below-Globish level will not at all, but you must work with the identified Globish group until you succeed. If you do not communicate with those, the failure will be yours.

On the other hand, there will be times when you are with native English speakers who do not know about the Globish guidelines, never heard of them, or just don't want to hear about it. But it is up to you to bring the discussion to the correct level. This is in your best interest, but it is also your duty, because many of the members of this group may already be lost in this discussion.

You must now be their

им объяснять другим, Это значит, что лучше иногда остановиться, чтобы другие люди могли узнать, о чем шла речь. Носители английского языка поймут в любом случае, а люди с уровнем ниже Глобиша –не поймут совсем, но вы должны работать с группой Глобиша, пока у вас не получится. Если вы не установите с ними контакт, то это будет ваша вина.

С другой стороны, может случится так, что вы будете с носителями английского языка, которые не знают о принципах Глобиша, никогда о них не слышали или просто не хотят о них слышать. Но именно вы должны вывести дискуссию на правильный уровень. Это в ваших лучших интересах, но это и ваша обязанность, потому что многие члены этой группы уже могут быть вне этой дискуссии.

Сейчас вы должны стать их

Globish leader. They will be more than thankful to you for bringing the matter into the open without fear. It is easy. Many English speakers forget about others or just do not think about them. You just have to raise a hand, wave it until you are noticed, and say: "Excuse me, I am sorry but some of us do not understand what you are saying. We need to understand you. Could you please repeat, in Globish please, this time?"

To be sure, you will have a reaction, and your native-speaker friend might understand the point for the rest of his or her life. You will have done a great service. But the first reaction is most likely going to be a surprise: "Globish, what's that?" It will give you a fine opportunity to explain the story you now understand, and give its

лидером в Глобише. Они будут более чем благодарны вам, что вы без страха вынесете спорные вопросы на обсуждение. Это легко. Многие носители английского языка забывают об остальных или просто о них не думают. Вы должны поднять руку, махать ею, пока вас не заметят, и сказать: «Простите, мне жаль, но многие из нас не понимают, о чем вы говорите. Нам нужно вас понять. Не могли бы вы повторить, в этот раз, пожалуйста, на Глобише.

Будьте уверены, реакция будет, и ваши англоязычные друзья будут помнить это всю оставшуюся жизнь. Вы окажете большую услугу. Но первая реакция, скорее всего будет удивление: «Глобиш, что это такое?» Это даст вам хорошую возможность пояснить ситуацию, которую вы

reasons. At best you will have an interested native speaker, who wants to know more, will understand your explanation, and will become a much better global communicator, and a Globish friend. That person will see that Globish is often better than English because it is much more sympathetic.

As we said, pronunciations are "acceptable" as soon as they are understood. A foreign accent is never a mistake; it is part of a person's special quality. It makes you different, and can even make you sound sexy. People who have reasonable Globish pronunciation can now stop trying to make it "better" – or to get closer to some native English speaker's – if they are understood.

сейчас понимаете, и ее назначение. В лучшем случае у вас будет заинтересованный носитель английского языка, который захочет узнать больше, поймет ваши объяснения и станет более эффективным в глобальном общении, станет другом Глобиша. Этот человек увидит, что Глобиш бывает часто лучше английского, потому что он более внимателен.

Как мы сказали, произношение «приемлемо» тогда, когда его понимают. Иностранный акцент никогда не является ошибкой; это особое свойство человека. Он делает вас другим, и даже может сделать ваш голос сексуальным. Люди, у которых приемлемое произношение Глобиша, могут теперь перестать пытаться сделать его «лучше», - или

We said Globish is still correct English. This means you are expected to write and speak in correct English. The grammar should be reasonable –about subjects and actions, time and place. Globish does not worry about very small differences in American and British speech or spelling or grammar. (And neither should anyone else.)

Globish is much more forgiving because it is asking for understanding, not perfect English. But there is an extra benefit in Globish to all native and non-native speakers: simplicity. It is what older politicians tell younger politicians about their first speeches. It is what

приблизиться к произношению носителя английского языка, - если их понимают.

Мы говорили, что Глобиш – это все-таки правильный английский. Это значит, что от вас ждут, что вы будете писать и говорить на правильном английском. Грамматика должна быть приемлемой что касается подлежащего и сказуемого, времени и места. Глобиш не беспокоится по поводу мелких отличий в американской и британской речи, правописании или грамматике (так должны поступать и другие).

Глобиш прощает многое, потому что он требует только понимания, а не идеального английского. Но есть в Глобише еще одно преимущество для всех носителей и неносителей английского языка: это простота. Это то, что политики постарше

older advertising people tell the bright younger ones about making a successful advertisement. It is what news editors tell their young writers about making a good news story. And it is what every English speaking professor should tell every non-native English student about writing and speaking.

On one side of the ocean, Winston Churchill said: "Never use a pound (£) word when a penny one will do".... And a similar saying known to Americans:

K. I. S. S. = Keep It Simple, Stupid.

говорят молодым политикам об их первой речи. Это то, что рекламные агенты постарше говорят более молодым о создании успешной рекламы. Это то, что редакторы новостей говорят своим молодым авторам о написании хорошей новостной истории. И это то, что каждый англоговорящий преподаватель должен говорить каждому студенту неносителю английского языка по поводу письма и речи.

На одном берегу океана Уинстон Черчилль сказал: «Никогда не используй слово - фунт (£), когда достаточно слова - пени (1d) ".... В Америке знают простое высказывание:

K. I. S. S. =Говори проще.

Всемирная
потребность в
"достаточном"
английском

Current TOEFL Completions
Сдача экзаменов TOEFL

Chapter 10
Globish in Many Places

Globish has no desire to be a cultural language like French, or Chinese...or English. People who will use Globish already have their own respected culture and their own language. They will use Globish only as a tool, but it will be the chosen tool of a huge majority of people around the world. When they see ahead to this future many non-native English speakers will decide this is still English. And it is really a form of English, a clear form of that language. They may fear that English is winning over everything they love. They may see this as a threat to their own mother tongue and their culture. So they might decide that they have

Глава 10
Глобиш во многих местах

У Глобиша нет желания быть языком культуры, таким как французский или китайский ... или английский. У людей, которые буду пользоваться Глобишем, уже есть их собственная уважаемая культура и свой язык. Они будут пользоваться Глобишем только как инструментом, но это будет инструмент, выбранный множеством людей по всему миру. Если они посмотрят вперед в будущее, многие неносители английского языка решат, что это все же английский. И он действительно имеет форму английского, простую форму этого

to fight for the survival of their French, Japanese, Russian or Tagalog – their home and beloved language. Each of them is a respected cultural language for many people.

This threat could be true IF we were advising you to learn English. That would be helping English compete with other cultural languages. A few cultures have already taken extreme steps because they fear that the English culture will replace their own. They feel it brings poor values and takes away the strength of their own culture.

языка. Они могут испугаться, что английский побеждает все, что они любят. Они могут увидеть в нем угрозу их родному языку и их культуре. Поэтому они, возможно, решат, что должны бороться за выживание их французского, японского, русского или тагалога, их любимого домашнего языка. Каждый из них является уважаемым культурным языком для многих людей.

Эта угроза могла быть реальной, ЕСЛИ бы мы советовали вам учить английский. Это бы помогало английскому соперничать с другими культурными языками. Некоторые культуры уже приняли крайние меры, так как они боятся, что английская культура вытеснит их собственную. Они чувствуют, что она несет с собой плохие ценности и забирает силу у их собственной культуры.

However, advising you to learn Globish does the opposite. Globish cannot have any cultural goals, so it does not threaten anyone's language or anyone's culture. It replaces the English competition. Using only Globish could keep all these wonderful cultures *safer* from the English cultural invasion.

Globish can also protect the English language from being "broken" by other cultures. English is a very special case today. In fact, the non-native English speakers who use English are far more numerous than native English speakers. So the non-native speakers will decide and lead in the future of the English language. They will create and present new words, and will throw away the old words. This will happen unless the Globish idea becomes an accepted tool. If this happens, it will give the English language a

Однако, наш совет учить Глобиш делает обратное. У Глобиша не может быть никакой культурной цели, и поэтому он не угрожает никакому языку или культуре. Он заменяет конкуренцию английского. При использовании только Глобиша мы *могли бы сохранить* все эти замечательные культуры от культурного вторжения английского языка.

Глобиш также может защитить английский от того, чтобы его «ломали» другие культуры. Английский сегодня занимает особое положение. Фактически, неносители английского языка, те, кто пользуется английским, находятся в большинстве по сравнению с носителями английского языка. Поэтому неносители будут принимать решение определить будущее английского языка. Они будут создавать и вводить новые слова и выкидывать старые. Это произойдет,

chance to survive as a cultural language.

Globish offers the English-speaking countries a chance to say: We have a wonderful language, linked to a wonderful culture, and we would like to save all of that. However, we accept that international communication today is mostly using our language. But we can divide the language in two parts. One form will be for English culture that is ours, and one form will be for global communication, trade, and traveling (and this is Globish, with exact rules.) We will attempt to use this second form - Globish - whenever we are in those other worlds which are not part of the English culture (s). And we are the lucky ones…Learning Globish for us will be much easier than learning a new

если идея Глобиша не получит признания как инструмент общения. Если это случится, английский получит шанс выжить в качестве культурного языка.

Глобиш дает англоязычным странам шанс сказать: У нас прекраный язык, связанный с замечательной культурой, и мы хотели бы все это сохранить. Однако, мы признаем, что сегодня международное общение использует в основном наш язык. Но мы можем разделить язык на две части. Одна форма будет относится к нашей английской культуре, а другая форма будет для глобального общения, торговли и путешествий (и это будет Глобиш с точными правилами). Мы попытаемся использовать эту вторую форму – Глобиш – всякий раз, когда находимся в этих других мирах, которые не являются частью

language for each place.

английской культуры. И нам повезло... Для нас выучить Глобиш будет проще, чем новый язык для каждого региона.

Native Speaker English

Носитель английского языка

Full Globish Usage

Полное использование Глобиша

20% 20% 20% 20% 20%

(Relative Daily English Needs)
(Относительные ежедневные потребности в английском)

If you are delivering a speech in front of a large international audience, you have to deal with many different levels of English. You might think they are like one person, but each individual has different abilities.

On top of that, someone will be recording you, and your performance will be available in many ways, including on the TV and on the Internet and on DVDs. You need to be understood quickly by the

Если вы выступаете перед большой международной аудиторией, вы имеете дело с множеством различных уровней английского. Вы, возможно, решите, что они как один человек, но у каждого индивидуума есть различные И более того, кто-то будет вас записывать, и ваше выступление будет доступно через многие средства, включая телевидение, интернет и

largest possible number. You might think that excellent speakers of two languages are the answer. Interpreters give second-by-second changes to the audience in their languages. But even that method is much better with Globish than with English. The Globish limitations and especially its simpler sentences, shorter and lighter, all ensure better correctness when the speech is changed to another language.

Ask any interpreter: Their worst experience is the long, involved sentences where they get lost. This person needs to listen to all of the words to get the meaning, and if the talk is too long, he or she has lost the beginning when the end finally comes. But those kinds of statements-within-statements are mistakes in Globish.

DVD. Вы должны быть сразу понятны как можно большему числу людей. Вы можете подумать, что решение заключается в использровании двух языков. **Переводчики** последовательно делают перевод для аудитории на их язык. Но даже этот метод лучше подходит для Глобиша, чем для английского. Ограничения Глобиша и особенно его простые предложения, более короткие и легкие, все это обеспечит лучшую правильность, когда речь переводится на другой язык.

Спросите любого **переводчика**: самый плохой перевод связан с длинными, запутанными предложениями, где можно потеряться. Человеку нужно услышать все слова, чтобы понять смысл, и если фраза слишком длинная, и он теряет ее начало, когда она наконец-то заканчивается. Но также сложноподчиненные

The other horrible experience of the interpreters is seeing words used differently in a field or subject that they don't know. In English there is the word "program", and it means very different things on the TV and on the computer. The interpreter who does not know the field completely will make too many mistakes. On the other hand, if you are talking in Globish, many people in the audience will choose to listen directly to you. The simplest solution is to say things in Globish. You can then use special "technical words" – along with pictures to support them – in a way that people in the industry will quickly understand.

It is very difficult to use Globish guidelines while you are creating your words right

предложения в Глобише являются ошибкой.

Другое ужасное испытание **переводчика** это видеть слова, испоьзуемые по-другому в той области, которую они не знают. В английском есть слово «программа», и оно означает очень разные вещи на телевидении и в компьютере. **Переводчик,** не полностью владеющий тематикой, сделает слишком много ошибок. С другой стороны, если вы говорите на Глобише, многие люди в аудитории захотят слушать непосредственно вас. Самой простое решение - говорить на Глобише. Тогда вы сможете использовать специальные «технические слова», с картинками для их поддержки, так, чтобы профессионалы быстро поняли суть вопроса.

Очень трудно руководствоваться принципами Глобиша,

there in front of people. But once you are familiar with the idea, practice makes it easier within a short time. The safest way, however, is to give a speech from a written text, and go over that text with Globish software. It will improve the "hit rate" of the speech (a technical term for the percent of people who listen and do understand). Usually it is at least three times better, and ten times with some listeners who are *not* native English speakers.

A good example is the excellent video tape to the Iranian people by President Obama in 2009. It was in Globish-like language and it could be understood by much of the world without translation. They also listened to Obama's same words in Jerusalem and Ramallah, in Istanbul and in Seoul. In too many other

когда вы создаете ваши слова прямо перед аудиторией. Но если вы знакомы с предметом, практика очень быстро вам поможет. Однако самый безопасный способ-говорить заранее написанную речь и пройти этот текст на софте Глобиша. Это повысит рейтинг сообщения (технический термин для процента людей, которые слушают и действительно понимают). Обычно это, по крайней мере, в три раза лучше и в десять раз лучше для слушателей, которые не являются носителями английского языка.

Хороший пример – прекрасная видеозапись для иранцев выступления президента Обамы в 2009 году. Его язык в стиле Глобиша, и оно было для многих понятно без перевода. Те же слова Обамы слушали в Иерусалиме и Ромалле, в Стамбуле и Сеуле. Однако во многих других случаях

cases, however, major international speeches are made at a level of English that is too difficult for non-native speakers. Of course those international speakers think they did their job. They are wrong. Their job was to be understood by all their listeners.

If you are a native English speaker, you could argue that things are very different when you write. You know who you are writing to, and you know that his or her English is very good. Perhaps you write to that person with difficult words to show your ability with the language. But this could be another huge mistake. Very often good ideas are passed on as is to others. You should know that whatever you write today is not written just for the person you send it to. It is always written for the whole wide world. And for this reason, it

большинство международных выступлений делается на таком уровне английского, который слишком труден для неносителей английского языка. Конечно, эти международные говорящие думают, что они сделали свою работу. Но они ошибаются. Их работа - быть понятыми всеми их слушателями.

Если вы носитель английского языка, вы можете возразить, что все происходит по-иному, когда вы пишите. Вы знаете, кому вы пишите, и вы знаете, что его или ее английский очень хороший. Возможно, вы пишете этому человеку, используя трудные слова, чтобы показать свои языковые навыки. Но это будет другой большой ошибкой. Очень часто хорошие идеи передаются другим. Вы должны это знать, что то, что вы пишите сегодня, пишется

should be in Globish. If it is forwarded through the Internet it can go around the world 4000 times before you finish your next call. The problem is, if they don't understand it, they will still try to pick up a few words and tell that to their friends. And then what you didn't say well they will say even more poorly in 5000 other languages. The good news is that now you can talk to the whole world at the speed of light. But the really bad news is that no one will ever tell you they don't understand. They would be ashamed to show their limitations, so they will all say back to you: "Oh yes, it was very interesting."

You could be working for a global company, with shares owned by people from 123

не только для того человека, которому вы это посылаете. Оно всегда написано для всего мира. И по этой причине оно должно быть на Глобише. Оно отправляется через Интернет и может обойти мир 4000 раз до того, как вы закончите следующее предложение. Проблема в том, что если они не поймут его, они все равно попытаются подобрать несколько слов и передать его своим друзьям. И тогда то, что вы не выразили хорошо, они скажут еще хуже на других 5000 языках. Хорошая новость, что сейчас вы можете общться с миром со скоростью света. Но действительно плохая новость, что никто вам никогда не скажет, что они не поняли. Им будет неловко показать свою ограниченность, и все, что они скажут вам, будет: «О, да, это было интересно».

Предположим, вы работаете в мировой компании акционерами

different countries. They speak almost as many languages. Look closely at your yearly report, and at all the papers sent to shareholders. It is probably written in wonderful English which non-native English speakers from the 117 non-English speaking countries can almost understand. Or is it written in Globish, using exactly the same numbers and saying exactly the same things, but understandable by many more of those shareholders?

If you work in a government agency in an English speaking country, look at the papers and forms for the citizens. Many people –who are new to the country and to your language – will have to fill in those forms. They should reach the Globish level soon, and that may be fairly easy. But then, they should get papers written only in Globish, which are understandable *both* by these new ones *and* by all the

которой являются люди из 123 разных стран. Они говорят почти на таком же количестве языков. Внимательно посмотрите на ваш ежегодный отчет и на все бумаги, разосланные акционерам. Возможно, он написан на прекрасном английском, и неносители английского языка из 117 стран почти могут его понять. Или он написан на Глобише, и в нем использованы те же цифры и сказано то же самое, но понятно гораздо большему числу акционеров?

Если вы работаете в государственном учреждении в англоязычной стране, взгляните на документы и бланки для граждан. Многие люди, новые для вашей страны и для вашего языка, должны будут заполнить эти бланки. Они должны как можно достичь уровня Глобиша, и это будет довольно просто. И потом, они должны получать документы,

English-speaking citizens. It would cost much less than printing every paper and form in many different languages. And new people could perform better and more quickly in the economy if they could read the language. Globish can fill this need, but that nation must make this standard, and demonstrate it in all its important papers.

There will always be a few of the new people who cannot yet operate in Globish, even to read simple writing. They may still need to see something in their languages. From normal English the usual solution would be many translators, one for each language. Their work might be excellent, but it would take a lot of time and a lot of money.

написанные только на Глобише, которые должны быть понятны и для этих новых и для всех англоговорящих граждан. Это будет стоить намного меньше, чем распечатывать каждую бумагу и бланк на множестве разных языков. И новые люди смогут работать лучше и быстрее, если они смогут читать на языке. Глобиш может обеспечить эту потребность, но эта страна должна сделать это стандартом и использовать его во всех своих важных документах.

Всегда будут люди из тех новых, которые еще не могут использовать Глобиш, и даже читать простые тексты. Им еще нужно будет что-то увидеть на своем языке. Обычным решением для обычного английского будет множество переводчиков, по одному на язык. Их работа может быть отличной, но она потребует много времени и

You could also decide to have computer translations to these languages from English. But you must make sure that it works; here is how to do that. Have the computer translate part of your English version into – say – Poldevian. When you have a result, do not show it immediately to the Poldevians. Instead, order the computer to change the Poldevian document back to English. If you think you can understand it – and accept it – then the process is good. In most cases you will be surprised in a bad way. You will decide that computers cannot change languages very well yet. However, Globish has a much better chance of giving good results in computer translation. It has simpler sentence structures, and uses the most common English words. Many times, the computer translation from Globish to Poldevian will give better results, but not perfect

денег.

Вы также можете решить использовать компьютерные **переводы** с английского на эти языки. Но вы должны быть уверены, что это работает; вот что вы можете сделать. Пусть компьютер, переведет часть вашей английской версии, скажем, на язык Полдевии. Не показывайте полдевианцам результат сразу. Вместо этого, дайте компьютеру перевести этот текст обратно на английский. Если вы думаете, что вы его понимаете и принимаете, тогда этот хороший способ. В большинстве же случаев вы будете удивлены плохим результатом. Вы можете решить, что компьютер еще не может переводить языки очень хорошо. Однако, у Глобиша куда лучшие шансы дать лучшие результаты в компьютерном переводе. У него более простые формы

results. This is true of most of Globish, where the goal is to create understanding without 100% perfection.

We must remember, however, that Globish is not a holy language. It is an idea, a guidance. The better you keep to it, the more people will understand you. Perhaps it is like a diet. The closer you stay to it, the more weight you lose. But no diet is going to fail if – just a few times – you have a glass of wine, or a beer. Off-limits words in Globish are not wrong; it is just not wise to bring in difficult words too often. You can use a rare word because no other one will do, and many readers will run to their word books. Or you can use two Globish words that are widely understood by

предложений, и он использует обшеупотребимые английские слова. Много раз компьютерный перевод с Глобиша на язык Полдевии будет давать более лучшие результаты. Это характерно для Глобиша, цель которого обеспечить понимание без 100% совершенства.

Мы должны помнить, однако, что Глобиш – это не святой язык. Это идея, руководство. Чем лучше вы ему следуете, тем больше людей вас поймут. Возможно, это похоже на диету. Чем лучше вы ей следуете, тем больше вы теряете в весе. Но ни одна диета не подведет, если вы иногда позволите себе бокал вина или пива. Слова, не входящие в список Глобиша, не будут ошибкой; просто это неумно слишком часто употреблять трудные

your readers or listeners... and mean the same thing. It is up to you. But the more you stay with the guidance, the better chance you have of everyone understanding you.

It is clear also that people who decide to use Globish will possibly master many more words than the list given here. This is clearly true for advanced English students, of course, but also for the other speakers. In many cases the non-native speakers will hear speech or see written material that uses more difficult words. In most

слова, вы можете использовать редкое слово, потому что другое не подходит, и многие читатели бросятся к своим словарям. Или вы можете использовать два слова из Глобиша, которые наиболее понятны вашим читателям или слушателям… которые будут означать то же самое. Это зависит от вас. Но чем больше вы придерживаетесь руководства, тем больше у вас шансов быть понятыми.

Также ясно, что люди, решившиеся использовать Глобиш, возможно, выучат больше слов, чем те, что даны в этом списке. Конечно, это будет справедливо для продвинутых студентов, но и для других говорящих. Во многих случаях неносители английского языка услышат речь или увидят письменный материал, где

cases, non-native speakers will learn these new words, and have them available in case they need to use them again later. This is a good result. We are not suggesting that people close their eyes and their ears to all new words. And there will often be native English speakers who reject the Globish idea completely. With this kind of people, more words will always help the non-native speakers to understand.

But these borders of this Globish "middle ground" are not made to keep people in or out. If all speakers know they can come back and be welcomed into Globish, then communication has a chance.

используются более трудные слова. В большинстве случаев, неносители английского языка выучат эти новые слова и возьмут их на вооружение, если их потребуется использовать. Это хороший результат. Мы не ожидаем, что люди закроют глаза и уши для всех новых слов. И часто будут встречаться носители английского языка, которые совершенно отвергнут идею Глобиша. Больший набор слов поможет неносителям английиского языка понимать таких людей.

Но эти границы «общей почвы» Глобиша не сделаны, чтобы держать людей внутри или вне их. Если все участники общения осознают, что они могут вернуться в Глобиш, значит у общения есть шанс.

Technical Words

Interpreter - a person who tells the meaning in one language to those who speak another language.

Translation - Changing of one language to another. Sometimes human translators are called interpreters as well.

Part 2
Elements of
Globish

Часть 2
Элементы
Глобиша

(1500 words, 6-10 verb-time formations, phrasal verbs, 8 parts of speech, plus Active, Passive, Conditional forms. Best: 15-word sentences, Maximum 26 word sentences).

1500 слов, 6-10 форм времен глагола, фразовые глаголы, 8 частей речи, плюс активный, пассивный залог и условное наклонение. Лучше всего: предложения из 15 слов, максимум 26.

British Idioms
Британские идиомы

American Idioms
Американские идиомы

600000 words In Oxford English Dictionary
600 000 слов

Technical Words
Технические слова

12 Verb Tenses
12 времен глаголов

Moods
Наклонения

globish
1500 Words
1500 слов
Международные слова
International Words

Voices
Залоги

Australian Idioms
Австралийские идиомы

Canadian Idioms
Канадские идиомы

Irish Idioms
Ирландские идиомы

53 sounds

Chapter 11
How much is "enough"?

Globish is "enough" English. That is why a person can learn it more quickly than full English. There are many structures, rules, and ways of using English which make it difficult. Globish has limits so that it is easier to learn and start speaking. A person can know exactly *what* to learn. This is also very helpful in communication between people of varying English abilities. They can all know what to say and write.

But the question will always be asked: "What does "enough" mean? What is "enough?" "Not enough"

Глава 11
„Достаточно" - это сколько?

Глобиш - это «достаточный» английский. Поэтому человек может выучить его быстрее, чем полный английский. Есть много структур, правил и способов использования английского, что делает его трудным. У Глобиша есть границы, поэтому его легче выучить и начать говорить. Человек точно знает, что учить. Это очень помогает в общении между людьми с различными уровнями английского. Они все знают, что сказать и написать.

Но всегда будет задан вопрос: Что значит «достаточно»? Что такое «достаточно»? «Не

means that you cannot communicate comfortably with anyone, in English or Globish. You may not know enough words or – more likely – you do not say words with the right stresses, or you may not know simple sentence forms and verb forms. So how much is "too much?" "Too much" makes many students learning English feel they will "never be good enough" in English.

The Council of Europe offers a *Common European Framework of Reference for Languages* (C.E.F.R.) that offers a situational test for users of all second languages. By their standard, the best user of Globish would be an Independent User (Their category called "B1") THIS IS GIVEN EXACTLY IN C.E.F.R.'s ENGLISH:

достаточно» значит, что вы не можете комфортно общаться с любым человеком, на английском или на Глобише. Вы можете не знать достаточно слов или, скорее, вы не говорите слова с правильным ударением, или вы можете не знать простые предложения и глагольные формы. Поэтому сколько будет «слишком много»? «Слишком много» заставляет многих студентов, изучающих английский чувствовать, что их английский «никогда не будет достаточно хорошим».

Европейский Совет предлагает *Common European Framework of Reference for Languages* (C.E.F.R.), который дает ситуационный тест для пользователей всех вторых языков. По их стандартам лучшим пользователем Глобиша будет независимый пользователь (эта категория называется "B1"). ЭТО КАК РАЗ

ДАЕТСЯ В C.E.F.R.'s
ENGLISH:

Can understand the main points of clear standard input on familiar matters regularly encountered in work, school, leisure, etc. Can deal with most situations likely to arise whilst travelling in an area where the language is spoken.

Может понимать простой и ясный стандартный материал, с которым регулярно встречается на работе, в школе, на досуге и т.д. Может разобраться с большинством ситуаций, возникающих во время поездки по местам, где говорят на этом языке.

Can produce simple connected text on topics, which are familiar, or of personal interest. Can describe experiences and events, dreams, hopes & ambitions and briefly give reasons and explanations for opinions and plans.

Может воспроизвести простой связный текст по теме, которая ему знакома или связана с его личными интересами..

Может описать впечатления и события, мечты, надежды и амбиции, и смело привести доводы и пояснения к мнениям и планам.

125

That is the test for "enough" for their B1 - Independent User. It would be enough for the Globish user too, if we added this:

> *"Uses all words needed to join in a given profession or activity; uses International words appropriate in all travel or international business situations."*

But many Globish users can operate at the higher Level B2 of that same C.E.F.R. Independent User standard:

> *"Can understand the main ideas of complex text on both concrete and abstract topics, including technical discussions in his/her field of specialisation. Can interact with a degree of fluency and*

Этот тест «достаточен» для B1 – независимого пользователя. Этого будет так же достаточно для пользователя Глобиша, если мы добавим следующее:

> *Использует все необходимые слова в данной профессии или деятельности; использует международные слова, уместные для любого путешествия или международных бизнес-ситуаций.*

Но многие пользователи Глобиша могут действовать на более высоком уровне В2 все того же C.E.F.R. стндарта независимого пользователя:

> *Может понимать главные идеи сложного текста по конкретной и абстрактной теме, включая технические дискуссии в рамках его/ее*

spontaneity that makes regular interaction with native speakers quite possible without strain for either party. Can produce clear, detailed text on a wide range of subjects and explain a viewpoint on a topical issue giving the advantages and disadvantages of various options."

специализации. Может взаимодействовать на определенном уровне беглого и спонтанного общения, которое требует регулярного взаимодействия для обеих сторон без напряжения.

Может составить простой детальный текст по широкому спектру предметов и пояснить точку зрения на актуальную проблему, объясняя сильные и слабые стороны различных вариантов.

So there are people who have been thinking about this Globish "level" of language use. There are many, many more who have been using something quite close to Globish. Even with few written standards, some have called it Globish because they feel their level of usage is "Globish." They are using the

Итак, есть люди, которые думают об использовании языка на уровне Глобиша. И есть много, намного больше тех, кто пользуется чем-то близким к Глобишу. Даже при наличии немногих прописанных стандартов, некоторые называют его Глобишем, потому что чувствуют, что

word "Globish" to establish a level of comfort - a middle ground to communicate with others. Now we hope they can be even more certain because of the observations in this book.

At the risk of saying some important things once again, we will now unite some observations from the first part of the book. This will lay the groundwork for describing major language elements that are important to Globish.

First we will review the ways Globish is like English and then how Globish differs from English. Then, we will examine what makes this Closed System of Natural Language an effective tool for world communication.

English speakers may well say: If Globish is like English,

их уровень пользования и является Глобишем. Они используют слово «Глобиш», чтобы установить комфортный уровень – общую почву в общении с другими. Сейчас, мы надеемся, они могут быть еще более уверены, благодаря этой книге.

Рискуя еще раз повторить некоторые важные вещи, объединим теперь некоторые положения из первой части книги. Это заложит основу для описания главных элементов языка, важных для Глобиша.

Сначала мы рассмотрим сходство Глобиша и английского, а затем как Глобиш отличается от английского. Затем мы исследуем, что делает эту закрытую систему естественного языка эффективным средством мирового общения.

Англоязычные, однако, могут сказать: если Глобиш

why not just learn English? But there are certain things English speakers do not try to understand. That is one of the main reasons people in many places will be speaking Globish.

(1500 words, 6-10 verb-time formations, phrasal verbs, 8 parts of speech, plus Active, Passive, Conditional forms. Best: 15-word sentences, Maximum 26 word sentences).

такой же как английский, почему бы просто не выучить английский? Но есть определенные вещи, которые англоязычные не пытаются понять. Это одна из главных причин, почему люди во многих местах будут говорить на Глобише.

1500 слов, 6-10 форм времен глагола, фразовые глаголы, 8 частей речи, плюс активный, пассивный залог и условное наклонение. Лучше всего: предложения из 15 слов, максимум 26.

Chapter 12
Is Globish the Same as English?

Глава 12
Глобиш – это английский?

Globish is correct English

Глобиш – это правильный английский

Native English speakers can easily read and understand this book. But because of this, English speakers do not always notice that Globish is not just **any** English. They can miss the value of limiting their English to Globish. It should instead be a comfort to them, that what they are reading can also be easily understood by Globish speakers as well.

Носители английского языка могут легко прочитать и понять эту книгу. Но именно поэтому англоговорящие не всегда замечают, что Глобиш не является **просто** английским. Они упускают из виду значение ограничения их английского до Глобиша. Вместо этого им удобнее считать, что то, что они читают, можно легко понять и говорящим на Глобише.

In reading this book, all English-speakers are

Читая эту книгу все англоговорящие

observing a "common ground" *in action*. Most probably as many as one and a half billion other people can read and understand this same book.

Of course, at first it might seem that all English speakers can use Globish almost without thinking. However, English speakers who want to speak and write Globish must do four things: (1) use short sentences; (2) use words in a simple way; as any advertiser or politician knows; (3) use only the most common English words, and (4) help communication with body language and visual additions. Also, they must find ways to repeat what they decide is very important.

наблюдают "общую почву" *в действии*. Большинство, возможно, приблизительно полмиллиарда других людей, могут прочитать и понять эту книгу.

Конечно, на первый взгляд может показаться, что англоговорящие могут использовать Глобиш, почти не думая. Однако, англоговорящие, которые хотят говорить и писать на Глобише, должны делать четыре вещи: (1) использовать короткие предложения; (2) использовать слова просто; как это умеет делать любой рекламщик или политик; (3) использовать только самые употребляемые английские слова, и (4) помогать общению языком тела и **мимикой**. Также, они должны уметь повторять то, что они считают очень важным.

Globish spelling is English spelling

Most English speakers have trouble with their own spelling, because the English words come from many cultures. There are probably more exceptions to the rules than there are rules. Often, people learn to spell English words by memory: they *memorize* what the word *looks like*.

Globish sounds like English

Globish speakers must learn to stress parts of words correctly. If the stress is correct, the word is most easily understood. It does not matter so much about the accent. And some sounds

Спеллинг Глобиша – это английский спеллинг

У большинства англоговорящих есть трудности со спеллингом, потому что английские слова родом из многих культур. Возможно, исключений из правил здесь больше, чем самих правил. Часто люди учат правописание английских слов через запоминание: они *запоминают* как *выглядит* слово.

Глобиш звучит как английский

Говорящие на Глобише должны научиться правильно ставить ударение. Если ударение правильное, слово легче понять. Акцент в этом случае не так важен.

that are hard to make do not matter so much. A second problem in pronunciation is easier: the *schwa* sound can often be a substitute in most parts of words that are *not* stressed. (More in Chapter 16).

Некоторые трудные для произношения звуки не имеют большого значения. Вторая проблема в произношении легче: звук *schwa* может быть заменой для большинства частей слов не находящихся под ударением. (Подробнее в главе 16)

Globish uses the same letters, markings and numbers as English

Глобиш использует те же буквы, знаки и цифры, что и английский

It also has the same days, months and other time and place forms.

У него те же дни, месяцы и другие формы места и времени.

Globish uses the basic grammar of English, with fewer Tenses, Voices, and Moods.

Глобиш использует базовую грамматику английского с меньшим числом времен, залогов и наклонений.

Directions – Globish/English
Направления - Глобиш/английский

Общение в 90% ситуациях работы, путешествии по всему миру

(Communicate in 90% of work, travel situations WWide)

(Little value without 3-5 more years of classes)

Малая ценность без дополнительных занятий в течение 3-5 лет

12 mo

Английский
English

Globish
Глобиш

1. **1500 Words plus 3500 children**
   1500 слов плюс 3500 производных

2. **Simple Verb forms**
   Простые глаголы

3. **No Idioms**
   Без идиом

6 месяцев
6 months

1. **Cultural Words from English Speaking Countries.**
   Культурные слова из англоговорящих стран

2. **Numerous added Verb forms**
   Множество добавочных форм глагола

3. **Numerous Idioms**
   Множество идиом

Early Globish classes deal with basic words and pronunciation, simple present, past, future verbs, questions, parts of speech.

Начальный Глобиш занимается базовыми словами и произношением, простым настоящим, прошедшим, будущим временами, вопросами, частями речи

Early Globish and English quite similar

Начальный Глобиш и английский похож

Early English classes deal with basic words and pronunciation, simple present, past, future verbs, questions, parts of speech.

Начальный английский занимается базовыми словами и произношением, простым настоящим, прошедшим, будущим временами, вопросами, частями речи

G   E

Technical Words

Capitalize - put a large letter at the first of the word.

Visual - can be seen with the eyes

Tenses - the time a verb shows, Present, Pa st, or Future order.

Voice - a type of grammar. We use Active voice most in Globish.

Moods - ways of speaking. Imperative Mood: *"Don't look at me!"*

Chapter 13
How Globish is Different from English

Globish has a different name

The name lets people know exactly how much English they are using. It also lets native English speakers know that they do not "own" this language. Globish means we use the same simple rules for everyone. And it usually means that the speaker or writer is trying to help with understanding. Globish speakers enjoy the fact that all cultures are talking *together*.

Глава 13
Чем Глобиш отличается от английского

У Глобиша другое название

Название позволяет людям точно знать, сколько английского они используют. Это также позволяет носителям английского языка знать, что они не «свладеют» языком. Глобиш означает, что мы используем простые, одинаковые для всех простые правила. И это обычно означает, что говорящий или пишущий пытается помочь пониманию. Говорящие на Глобише рады тому, что все культуры говорят **вместе**.

Globish has 1500 words, expandable in four ways:

- different use of same word,

- combinations of words,

- short additions to words,

- and Phrasal Verbs.

Also allowed are (a) Names and Titles - (capitalized), (b) international words like *police* and *pizza*, (c) technical words like *noun* and *grammar* in this book. Only common agreement between speakers can decide between them, of course, what other words to allow beyond these 1500 Globish words. If one person cannot understand an additional word, then its use is not recommended. (See Chapters 16).

У Глобиша 1500 слов, количество которых может быть увеличено четырьмя способами:

- другое использование того же слова,

- комбинации слов,

- короткие дополнения к словам,

- и фразовые глаголы.

- Также разрешены (а) имена и названия - (прописными буквами), (б) такие международные слова, как *police* и *pizza*, (в) такие технические слова, как *noun* и *grammar* в этой книге. Только общее согласие между говорящими может, конечно, определить, какие другие слова могут быть использованы помимо этих 1500 слов Глобиша. Если хотя бы один человек не понимает дополнительного слова, его использование не рекомендуется. (См. главы

16 и 17).

Globish uses mostly Active Voice

Globish speakers should understand Passive and Conditional forms. But it is usually best for Globish users to create messages in Active Voice if possible. Who or what is doing the action must be clear in Globish. English may say:

> The streets were cleaned in the morning.

But Globish would say:

> The workmen cleaned the streets in the morning.

Глобиш использует в основном активный залог

Говорящие на Глобише должны понимать пассивный залог и условное наклонение. Но обычно для пользователей Глобиша лучше создавать сообщения в активном залоге, если это возможно. В Глобише должно быть ясно, Кто или Что совершает действие. На английском можно сказать:

> Улицы были убраны утром.

Но на Глобише следует сказать:

> Рабочие убрали улицы утром.

Globish suggests short sentences (15 words or fewer)

This limits phrases and clauses, but allows them if necessary. Instead of:

> When we went to Paris we took a nice little hotel not far from the main shopping area so that we would not have too far to carry our purchases.

Globish speakers will say:

> We went to Paris, and we found a nice little hotel. It was near the main shopping area. That way, we would not have too far to carry our purchases.

Глобиш предлагает короткие предложения (15 и менее слов)

Это ограничивает фразы и обороты, но и разрешает их, если нужно. Вместо:

> Когда мы приехали в Париж, мы поселились в маленьком хорошем отеле недалеко от главной торговой зоны, чтобы нам не пришлось слишком далеко нести наши покупки.

Говорящие на Глобише скажут:

> Мы приехали в Париж и нашли маленький хороший отель. Он был рядом с главной торговой зоной. Чтобы нам не пришлось слишком далеко нести наши покупки.

Globish pronunciation has fewer necessary sounds than traditional English

Globish sounds should be learned with each word. Most important: Globish must use syllable stress VEry corRECTly. Because there are similar sounds in most languages, each speaker may have to learn only a few new sounds.

Globish speakers use their body, their hands and their face when they talk

They use headlines, **dark print**, underline, and pictures with written Globish. In meetings, Globish speakers use objects, pictures, sounds, and give things to the

Произношение Глобиша имеет меньше необходимых звуков, чем традиционный английский

Звуки Глобиша слеует учить с каждым словом. Самое важное: в Глобише слоговое ударение надо использовать Очень ПРАвильно. Благодаря тому, что в большинстве языков есть похожие звуки, каждый говорящий должен выучить только несколько новых звуков.

В разговоре говорящие на Глобише используют тело, руки и лицо

В письменном Глобише они используют заголовки, **полужирный шрифт**, подчеркивания и иллюстрации. На встречах говорящие на Глобише

listeners. Good Globish speakers speak clearly, and are happy to repeat what they have said. Globish speakers check that the listeners understand before they say the next thing. They repeat all questions AND answers in meetings.

используют предметы, рисунки, звуки и дают предметы слушателям. Хорошие Глоб-спикеры говорят ясно и рады повторить то, что сказали. Прежде чем продолжить они проверяют, поняли ли их слушатели. На встречах они повторяют все вопросы и ответы.

Globish speakers are very careful about humor, idioms and examples

Говорящие на Глобише очень осторожны с юмором, идиомами и примерами

Globish speakers can have fun, and be friendly. But they avoid anything that might not be understood. Most people are careful not to use the same humor with their parents and their friends. Sometimes humor is good for one person but offensive to another. This is even more difficult to know about between cultures, so it is best to avoid trying to be "funny". In the same way, examples

Говорящие на Глобише могут пошутить имогут быть дружелюбными. Но они избегают всего того, что может быть не понято. Большинство людей стараются не использовать обинаковые шутки со своими родными и со своими друзьями. Иногда юмор хорош для одного человека и оскорбителен для другого. Очень сложно это учесть в общении с

from one culture might not be good in another culture and some analogies might not carry exactly the same meaning. And idioms, things that depend on understanding a certain culture, should be avoided.

представителями других культур, поэтому лучше избегать попыток быть «смешным». Таким же образом примеры из одной культуры могут быть неподходящими для другой, и некоторые анологии несут не совсем тот же смысл. Следует избегать и идиом, вещей, которые зависят от понимания конкретной культуры

Globish is a "Closed System of Natural Language."

This is what makes Globish useful, dependable, and easier to learn and use. The next chapters will be about "natural language" and Globish's closed system.

Глобиш - это «Закрытая система естественного языка»

Это то, что помогает Глобишу быть полезным, надежным и легким для изучения и использования. Следущая глава будет о «естественном языке» и закрытой системе Глобиша.

Technical words

Noun - a part of speech naming a person, place, or thing.

Passive Voice - a sentence with n o subject. "The house is sold."

Active Voice - usual sentence - subject first. "Mary came home."

Figurative - expressing one thing in terms of another: "on thin ice."

Analogy - using two things that have a similarity to make a case.

Analogy: "The human bra   in is like a computer."

Chapter 14
Natural Language Has "Experience"

People need a language that has "experience". We need to know other people have lived all their lives talking in that language. We need to know that many centuries, many parents and their children, have made it work well. Natural language is always growing. The "closed system" of Globish, of course, is a beginning definition. Over time, Globish may add necessary words as *technical* or *international* when worldwide Globish speakers are using it.

The value of having a natural language is because it has

Глава 14
Естественный язык обладает „опытом"

Людям нужен язык, у которого есть «опыт». Нам нужно знать других людей, которые прожили всю свою жизнь, разговаривая на этом языке. Нам нужно знать, что многие столетия многие родители и их дети обеспечили его хорошую работу. Естественный язык всегда расзвивается. «Закрытая система» Глобиша, конечно, находится в начальной стадии. Спустя время, когда весь мир будет использовать Глобиш, он может добавить необходимые слова, такие как *технические* или *международные*.

Ценность обладания естественным языком

been tested with many millions of people. Its most-used words have been turned over and over, like sand on a seaside, for centuries. These words are the *survivors* from all the natural languages that came into English. They are strong words, and useful words.

And these rules of Globish are not something someone just "thought up." For example, the way English deals with time through its verbs. Now all languages have different ways of communicating the order of happenings. But as much as any language, English-speakers have a proven language where events have relationships to each other in time. So timing is important to the English way of thinking, important to their communication. If they want to say something is happening "now" they use a continuous form, such as. That Present Continuous form means "exactly now." If

возникает из-за того, что он проверен многими людьми. Его наиболее употребимые слова с течением столетий снова и снова изменяются, подобно песку на берегу моря. Эти слова *выжили* из всех, что пришли в естественный английский язык. Это сильные и полезные слова.

И эти правила Глобиша не являются тем, что кто-то просто «выдумал». Например, как английский показывает времена через свои глаголы. Сегодня у всех языков разные способы передачи порядка событий. Но как и любой другой язык, у англоговорящих есть проверенный язык, где события связаны друг с другом во времени. Поэтому в английском мышлении и общении временной аспект имеет большое значение. Если они хотят сказать, что что-то происходит «сейчас», они используют форму продолженного времени, например, *I am reading this*

they say *I read this book*, it means they have read it before now, are reading it now, and will continue to read it in the future.

These things are all important to a "way of thinking." They don't happen by someone's plan. Natural Language grows through trial-and-mistake-and-improvement, and that is why Natural Language works!

But why do we call Globish a "Closed System?" And is "closed" good?

book. Эта форма Present Continuous означает «прямо сейчас». Если они скажут *I read this book*, это значит, что они читали ее до этого, читают сейчас и продолжат читать ее в будущем.

Эти вещи все важны для «способа мышления». Они не происходят по чьему-то плану. Естественный язык развивается методом проб, ошибок и улучшений, и именно поэтому естественный язык работает!

Но почему мы называем Глобиш «закрытой системой»? И хорошо ли, что она «закрытая»?

Chapter 15
A Closed System: Globish Limitations

Closed Systems give us less to remember, and more to agree on

"Closed System" means we accept certain sets of limitations in what we are doing. It makes life easier when we agree to operate within those Closed Systems. We also have many other Closed Systems. Buses and trains and airplanes usually have places to step on and off. We usually drive on just one side of the road. Cars coming the other way stay on the other side, because it is a closed system. Otherwise,

Глава 15
Закрытая система: ограничения Глобиша

Закрытая система позволяет меньше запоминать и больше соглашаться.

«Закрытая система» означает, что мы принимаем некоторые ограничения в том, что мы делаем. Это облегчает жизнь, когда мы соглашаемся работать в рамках этих закрытых систем. Автобусы, поезда и самолеты обычно имеют места прибытия и убытия. Обычно мы ведем машину по одной стороне дороги. Машины, идущие по другой стороне, так там и

either side of the road would be OK, and there would be huge problems.

So.... why can't a language be a Closed System?

This is why Globish is most useful, as a Closed System, a language built on common limitations. You know what you have to learn, and can do so with less effort. And when you use it, you know all the rules that the other people know. It is based on reasonable limitations that non-native English speakers have when they use English. What we have been discussing in this book are main elements of that Closed System:

остаются, потому что это закрытая система. Иначе, можно было бы ехать по любой стороне, возникли бы громадные проблемы.

Итак ... почему бы языку не быть закрытой системой?

Вот почему Глобиш наиболее полезен как закрытая система, построенная на общих ограничениях. Вы знаете, что нужно выучить, и сделаете это с меньшими усилиями. И используя его, вы знаете все правила, которые знают и другие люди. Он основан на разумных ограничениях, которые есть у неносителей английского языка, когда они используют английский. То что мы обсуждаем в этой книге-это главный элемент закрытой системы закрытой системы.

Globish is limited to 1500 words

Globish has limited ways of using words.

Globish has limited-length sentences.

Globish is limited to understanding.

Globish has no limits in using hands, face, or body.

Глобиш ограничен 1500 словами

Глобиш ограничен в способах использования слов.

Глобиш ограничен в длине предложений.

Глобиш прежде всего ориентирован только на достижение взаимопонимания.

Глобиш не ограничен в использовании рук, лица или тела..

Chapter 16
1500 Basic Words

Before the English teachers all ask one question, let us answer it

There is *no* evidence that having 1500 words is ideal, except for one thing: *It's easier to learn 1500 words than 1800 or 2000 words.* And with fewer than 1000 words you won't have some very common words when you need them. Also, you can learn spelling and pronunciation of each individual word. That way you won't have to worry about a lot of spelling and pronunciation rules. (You probably already know that English doesn't do well with its spelling and

Глава 16
1500 основных слов

Прежде чем все учителя английского зададут один вопрос, давайте на него ответим

Нет оснований считать, что 1500 слов является идеальным количеством за исключением одной вещи: Легче выучить 1500 слов, чем 1800 или 2000 слов. А с менее чем 1000 словами у вас не будет некоторых обычных слов, когда они вам понадобятся. Также вы можете выучить правописание и произношение каждого отдельного слова. Таким образом вам не нужно будет беспокоиться о многих правилах правописания и произношения. (Возможно

pronunciation rules.)

These 1,500 words come from several lists of most-commonly used English words. It is very much like the 1500 words used by Voice of America, but it has fewer political words. It is very much like basic Technical English used in international training books but without all of words for measurements. In fact, there are many lists of the "most common" 1500 words, and they all vary a lot in the last 200 words, depending on who is selecting. **So this is ours.**

вы уже знаете, что английский не очень ладит правописанием и произношением.)

Эти 1500 слов родом из нескольких списков наиболее употребимых английских слов. Они похожи на 1500 слов, используемые Голосом Америки, но среди них меньше политических слов. Они очень напоминают технический английский, используемый в международных учебных книгах, но без всех слов, относящихся к мерам. Фактически, есть много списков «наиболее употребимых» 1500 слов, но они сильно отличаются в последних 200 словах, в зависимости от того, кто их отбирает. **Итак, вот наш список.**

1500 Globish Words

a =

able = способный

about = о

above = над

accept = принять

according (to) =
    в соответствии (с)

account = учетная запись

accuse = обвинять

achieve = достигать

across = через

act = действие

adapt = адаптировать

add = добавить

admit = признаться

adult = взрослый

advertisement = веклама

advise = советовать

affect = затрагивать

afraid = бояться

after = после

again = снова

against = против

age = возраст

agency = агентство

ago = назад

agree = соглашаться

ahead = вперед

aid = помощь

aim = цель

air = воздух

alive = живой

all = все

allow = позволять

ally = союзник

almost = почти

alone = один

along = вдоль

already = уже

also = также

although = хотя

always = всегда

among = среди

amount = сумма

and = и

anger = гнев

angle = Угол

announce = объявить

another = другой

answer = отвечать

any = любой

apartment = квартира

apologize = извиняться

appeal = призыв

appear = появляться

apple = яблоко

apply = применить

appoint = назначать

approve = утверждать

area = область

argue = спорить

arm = рука

army = армия

around = вокруг

arrest = арест

arrive = прибывать

art = Искусство

as = как

ask = спросить

assist = помогать

at = около

attach = прилагать

attack = нападение

attempt = попытка

attend = присутствовать

attention = внимание

authority = власть

automatic = автоматический

autumn = осень

available = доступный

average = среднее

avoid = избегать

awake = проснуться

award = награда

away = далеко

baby = ребенок

back = назад

bad = плохой

bag = Сумка

balance = баланс

ball = мяч

ballot = голосование

ban = Запрет

bank = Банк

bar = Бар

barrier = барьер

base = база

basket = Корзина

bath = ванна

battle = битва

be = быть

bear = переносить

beat = бить

beauty = красота

because = потому что

become = становиться

bed = постель

beer = пиво

before = до

begin = начинать

behind = позади

believe = верить

bell = колокол

belong = принадлежать

below = ниже

bend = согнуть

beside = рядом

best = лучший

betray = предать

better = лучше

between = между

big = большой

bill = счет

bird = птица

birth = рождения

bit = кусочек

bite = укусить

black = черный

blade = Лезвие

blame = винить

blank = пустой

blanket = одеяло

bleed = кровоточить

blind = слепой

block = Блок

blood = кровь

blow = дуть

blue = синий

board = доска

boat = Лодка

body = тело

bomb = бомба

bone = кость

bonus = бонус

book = книга

boot = ботинок

border = граница

born = родился

borrow = брать в долг

boss = босс

both = оба

bottle = бутылка

bottom = дно

box = ящик

boy = мальчик

boycott = бойкот

brain = мозг

brake = тормоз

branch = отрасль

brave = смелый

bread = хлеб

break = перерыв

breathe = дышать

brick = кирпичный

bridge = мост

brief = краткий

bright = яркий

bring = принести

broad = широкая

broadcast = трансляция

brother = брат

brown = коричневый

brush = щетка

budget = бюджет

build = строить

bullet = пуля

burn = жечь

burst = взрыв

bury = похоронить

business = бизнес

busy = занят

but = но

butter = масло

button = кнопка

buy = покупать

by = около

cabinet = кабинет

call = звонить

calm = спокойный

camera = камера

camp = лагерь

campaign = кампания

can = мочь

cancel = отменить

capture = захватить

car = машина

card = карта

care = заботиться

carriage = вагон

carry = нести

case = случай

cash = наличные

cat = кошка

catch = ловить

cause = причинить

celebrate = праздновать

cell = ячейка

center = центр

century = век

ceremony = церемония

certain = определенный

chain = цепь

chair = стул

chairman = председатель

challenge = вызов

champion = чемпион

chance = шанс

change = изменение

channel = канал

character = характер

charge = заряд

chart = диаграмма

chase = премледовать

cheap = дешевый

check = проверять

cheer = развеселить

cheese = сыр

chemical = химический

chest = грудь

chief = главный

child = ребенок

choose = выбирать

church = церковь

circle = круг

citizen = гражданин

city = город

civilian = гражданский

claim = требование

clash = столкновение

class = класс

clean = очистить

clear = ясный

climate = Клкмат

climb = залезать

clock = часы

close = закрыть

cloth = ткань

cloud = облако

coal = уголь

coast = берег

coat = пальто

code = код

cold = холодный

collect = собирать

college = колледж

colony = колония

color = цвет

combine = объединить

come = приходить

comfort = комфорт

command = командовать

comment = комментарии

committee = комитет

common = Общепринятая

communicate = общаться

community = сообщество

company = компания

compare = Сравнить

compete = конкурировать

complete = полная

compromise = компромисс

computer = компьютер

concern = касаться

condemn = осудить

condition = условие

conference = конференция

confirm = подтвердить

congratulate = поздравлять

congress = конгресс

connect = соединять

consider = рассматривать

consumption = потребление

contact = контакт

contain = содержать

continent = континент

continue = продолжать

control = контроль

cook = готовить

cool = прохладно

cooperate = сотрудничать

copy = копия

cork = пробка

corn = кукуруза

corner = угол

correct = правильный

cost = стоимость

cotton = хлопок

count = считать

country = страна

course = курс

court = суд

cover = обложка

cow = корова

crash = авария

create = создать

credit = кредит

crew = команда

crime = преступность

crisis = кризис

criteria = критерий

criticize = критиковать

crop = сельскохозяйственная культура

cross = крест

crowd = толпа

crush = раздавить

cry = плакать

culture = культура

cup = кубок

cure = вылечить

current = текущий

custom = обычай

cut = резать

damage = ущерб

dance = танцевать

danger = опасность

dark = темный

date = свидание

daughter = дочь

day = день

dead = мертвый

deaf = глухой

deal = сделка

dear = дорогой

debate = обсуждение

debt = долг

decide = решать

declare = объявить

decrease = уменьшать

deep = глубокий

defeat = поражение

defend = защищать

define = определить

degree = степень

delay = задержка

delicate = деликатный

deliver = доставить

demand = спрос

demonstrate = показывать

denounce = отменять

deny = отказаться

departure = отправление

depend = зависеть

deploy = развернуть

depression = депрессия

describe = описывать

desert* = пустынный

design = дизайн

desire = желание

destroy = уничтожить

detail = деталь

develop = разработать

device = устройство

die = умереть

diet = диета

differ = различаться

difficult = трудный

dig = копать

dinner = обед

diplomat = дипломат

direct = прямой

dirt = грязь

disappear = исчезать

discover = обнаруживать

discuss = обсудить

disease = болезнь

disk = диск

dismiss = увольнять

dispute = спор

distance = расстояние

divide = разделить

do = делать

doctor = врач

document = документ

dog = собака

door = дверь

doubts = сомнения

down = вниз

drain = утечка

draw = рисовать

dream = сон

dress = платье

drink = пить

drive = вести машину

drop = ронять

drug = лекарство, наркотик

dry = сухой

during = в течение

dust = пыль

duty = долг

each = каждый

ear = ухо

early = рано

earn = заработать

earth = земля

east = восток

easy = легкий

eat = есть

edge = край, преимущество

education = образование

effect = эффект

effort = усилие

egg = яйцо

either = любой из двух

elastic = упругий

electricity = электричество

element = элемент

else = еще

embassy = посольство

emergency = чрезвычайная

emotion = эмоция

employ = использовать

empty = пустой

end = конец

enemy = враг

enforce = заставлять

engine = двигатель

enjoy = получать удовольствие

enough = достаточно

enter = входить

entertain = развлекать

environment = окружающая среда

equal = равный

equate = приравнивать

equipment = оборудование

erase = стереть

escape = бежать

especially = особенно

establish = установить

estimate = оценка

ethnic = этнический

evaporate = испариться

even = даже

event = событие

ever = когда-либо

every = каждый

evidence = доказательство

evil = злой

exact = точный

example = пример

except = кроме

exchange = обмен

excuse = оправдание

execute = выполнить

exercise = управление

exist = существовать

exit = выход

expand = расширить

expect = ожидать

expense = расход

experience = опыт

experiment = эксперимент

expert = эксперт

explain = объяснить

explode = взорваться

explore = изучить

export* = экспорт

express = выражать

extend = продлить

extra = дополнительно

extreme = экстремальный

eye = глаз

face = лицо

fact = факт

factory = завод

fail = провалить

fair = честный

fall = падать

false = ЛОЖЬ

family = семья

famous = известный

far = далеко

fast = быстрый

fat = толстый

father = отец

fear = страх

feather = перу

feature = особенность

feed = кормить

feel = чувствовать

female = женщина

fertile = плодородный

few = мало

field = поле

fierce = ожесточенный

fight = борьба

figure = рисунок

file = файл

fill = заполнять

film = фильм

final = окончательный

finance = финансы

find = найти

fine = прекрасный

finger = палец

finish = закончить

fire = огонь

firm = фирма

first = первый

fish = рыба

fist = кулак

fit = подходить

fix = исправлять

flag = флаг

flat = плоский

float = плыть

floor = пол

flow = течь

flower = цветок

fluid = жидкость

fly = лететь

fog = туман

fold = складывать

follow = следовать

food = еда

fool = дурак

foot = нога

for = для

forbid = запрещать

force = сила

foreign = иностранные

forest = лес

forget = забыть

forgive = прощать

form = форма

former = бывший

forward = вперед

frame = рама

free = свободный

freeze = заморозить

fresh = свежий

friend = друг

frighten = пугать

from = от

front = передний

fruit = фрукты

fuel = топливо

full = полный

fun = веселье

future = будущее

gain = достигать

gallon = галлон

game = игра

gang = банда

garden = сад

gas = газ

gather = собираться

general = общее

gentle = нежный

get = получать

gift = подарок

girl = девушка

give = давать

glass = стекло

global = глобальный

go = идти

goal = цель

god = Бог

gold = золото

good = хороший

govern = управлять

grass = трава

gray (grey) = серый

great = великий

green = зеленый

ground = почва

group = группа

grow = расти

guarantee = гарантия

guard = охранник

guess = угадать

guide = гид

guilty = виновный

gun = пистолет

guy = парень

hair = волосы

half = половина

halt = остановить

hand = рука

hang = повесить

happen = случиться

happy = счастливый

hard = тяжелый

harm = вред

hat = шляпа

hate = ненавидеть

have = иметь

he = он

head = голова

heal = излечивать

health = здоровье

hear = слышать

heart = сердце

heat = жар

heavy = тяжелый

help = помощь

her = ее

here = здесь

hide = прятать

high = высокий

hijack = угонять (самолет)

hill = холм

him = им

hire = арендовать

his = его

history = история

hit = ударять

hold = держать

hole = отверстие

holiday = праздник

hollow = полый

holy = святой

home = дом

honest = честный

hope = надеяться

horrible = ужасный

horse = лошадь

hospital = Больница

hostage = заложники

hostile = враждебный

hot = горячий

hour = час

house = дом

how = как

however = однако

huge = огромный

human = человеческий

humor = юмор

hunger = голод

hunt = охотиться

hurry = спешить

hurt = повреждать

husband = муж

I = я

ice = лед

idea = идея

identify = определить

if = если

ill = больной

imagine = представлять

import* = импорт

important = важный

improve = улучшать

in = в

inch = дюйм

incident = инцидент

include = включать

increase* = увеличивать

independent = независимый

indicate = указать

individual = отдельный

industry = индустрия

infect = заразить

influence = влияние

inform = сообщить

inject = делать инъекцию

injure = ранить

innocent = невинный

insane = сумашедший

insect = насекомое

inspect = инспектировать

instead = вместо

insult* = оскорбление *

insurance = страхование

intelligence = разведка

intense = интенсивный

interest = интерес

interfere = мешать

international = международный

into = в

invade = вторгаться

invent = изобретать

invest = инвестировать

investigate = расследовать

invite = пригласить

involve = вовлекать

iron = железо

island = остров

issue = вопрос

it = это

item = предмет

jacket = куртка

jail = тюрьма

jewel = драгоценность

job = работа

join = присоединяться

joint = совместный

joke = шутка
joy = радость
judge = судья
jump = првгать
jury = жюри
just = только
keep = хранить
key = ключ
kick = пинать
kid = ребенок
kill = убить
kind = вид
king = король
kiss = целовать
kit = комплект
kitchen = кухня
knife = нож
know = знать
labor = труд
laboratory = лаборатория
lack = нехватка
lake = озеро
land = земля
language = язык
large = большой
last = последний
late = поздно
laugh = смеяться
law = право
lay = класть
lead = вести
leak = утечка
learn = изучать
least = наименьший
leave = оставлять
left = левый
leg = нога
legal = юридический
lend = оказывать

length = длина
less = меньше
let = позволять
letter = письмо
level = уровень
lie = лгать
life = жизнь
lift = лифт
light = свет
like = нравиться
limit = предел
line = линия
link = ссылка
lip = губа
liquid = жидкость
list = список
listen = слушать
little = маленький
live = жить
load = загрузить
loan = кредит
local = местный
locate = располагаться
lock = замок
log = бревно
lone = одинокий
long = длинный
look = смотреть
loose = свободный
lose = терять
lot = много
loud = громкий
love = любовь
low = низкий
luck = удача
magic = магия
mail = почта
main = главный
major = основной

make = делать
male = мужчина
man = человек
manufacture = производство
many = много
map = карта
march = маршировать
mark = отметка
market = рынок
marry = жениться
master = хозяин
match = совпадать
material = материал
matter = вещество
may = мочь
mayor = мэр
me = меня
meal = еда
mean = значить
measure = мера
meat = мясо
media = СМИ
meet = встречаться
member = член
memory = память
mental = психический
mercy = милосердие
message = сообщение
metal = металл
meter = метр
method = Метод
middle = средний
might = мог бы
mile = миля
military = военный
milk = молоко
mind = разум
mine = мой
minister = министр

minor = младший

miscellaneous = разное

miss = скучать

mistake = ошибка

mix = смешивать (ся)

mob = толпа

model = модель

moderate = умеренный

modern = современный

money = деньги

month = месяц

moon = луна

moral = моральный

more = больше

morning = утро

most = наибольший

mother = мать

motion = движение

mountain = гора

mouth = рот

move = двигаться

much = много

murder = убийство

muscle = мышца

music = музыка

must = должен

my = мой

mystery = тайна

nail = гвоздь, ноготь

name = имя

narrow = узкий

nation = нация

native = родной

navy = военно-морской флот

near = рядом

necessary = необходимый

neck = шея

need = нуждаться

neighbor = сосед

neither = ни тот, ни другой

nerve = нерв

neutral = нейтральный

never = никогда

new = новый

news = новости

next = следующий

nice = милый

night = ночь

no = нет

noise = шум

noon = полдень

normal = нормальный

north = север

nose = нос

not = не

note = замечаит

nothing = ничего

notice = уведомление

now = сейчас

nowhere = нигде

number = номер

obey = повиноваться

object = объект

observe = наблюдать

occupy = занимать

occur = происходить

of =

off =

offensive = наступательный

offer = предлагать

office = офис

officer = чиновник

often = часто

oil = масло (растительное); нефть

old = старый

on = на

once = однажды

only = только

open = открывать

operate = работать

opinion = мнение

opportunity = возможность

opposite = противоположность

oppress = угнетать

or = или

order = заказывать

organize = организовать

other = другой

ounce = унция

our = наш

ours = наш

oust = вытеснять

out = из

over = над

owe = быть должным

own = собственный

page = страница

pain = боль

paint = красить

pan = кастрюля

pants = брюки

paper = бумага

parade = парад

parcel = посылка

parent = родитель

parliament = парламент

part = часть

party = вечеринка

pass = передавать

passenger = пассажир

past = прошлое

paste = вставлять

path = путь

patient = пациент

pattern = образец

pay = платить

peace = мир

pen = ручк	possess = обладать	purchase = покупать
pencil = карандаш	possible = возможно	pure = чистый
people = люди	postpone = отложить	purpose = цель
percent = процент	potato = картофель	push = толкать
perfect = совершенный	pound = фунт	put = класть
perform = исполнять	pour = лить	quality = качество
perhaps = возможно	powder = порошок	quart = кварта, четверть
period = период	power = сила	quarter = квартал
permanent = постоянный	practice = практика	queen = королева
permit = разрешать	praise = хвалить	question = Вопрос
person = человек	pray = молиться	quick = быстрый
physical = физический	pregnant = беременная	quiet = тихий
pick = выбирать	present = подарок	quit = бросить
picture = изображение	press = давить	quite = вполне
piece = кусок	pretty = красивая	race = раса
pig = свинья	prevent = предотвратить	radiation = излучение
pilot = экспериментальный	price = цена	raid = рейд
pint = пинта	print = распечатать	rail = железнодорожный
pipe = трубка, труба	prison = тюрьма	rain = дождь
place = место	private = частный	raise = подниматься
plain = равнина	prize = премии	range = диапазон
plan = план	problem = проблема	rare = редкий
plane = самолет	process = процесс	rate = ставка
plant = завод	product = продукт	rather = довольно
plastic = пластиковый	professor = профессор	ray = луч
plate = тарелка	profit = прибыль	reach = достигать
play = играть	program = программа	react = реагировать
please = пожалуйста	progress* = прогресс	read = читать
plenty = много	project* = проект	ready = готовый
pocket = карман	property = собственность	real = реальный
point = точка	propose = предлагать	reason = причина
poison = яд	protect = защищать	receive = получать
policy = политика	protest = протест	recognize = признать
politics = политика	prove = доказать	record* = запись
pollute = загрязнять	provide = предоставлять	recover = восстановить
poor = бедный	public = общественности	red = красный
popular = популярный	publish = публиковать	reduce = сократить
port = порт	pull = тянуть	refugee = беженец
position = позиция	punish = наказать	refuse* = отказываться

regret = сожалеть

regular = регулярный

reject = отклонить

relation = отношение

release = освобождать

remain = оставаться

remember = помнить

remove = удалить

repair = ремонт

repeat = повторять

report = доклад

represent = представлять

request = запрос

require = требовать

rescue = спасать

research = исследование

resign = давать отставку

resist = сопротивляться

resolution = резолюция

resource = ресурс

respect = уважать

responsible = ответственный

rest = остаток

restrain = сдерживать

result = результат

retire = уходить на пенсию

return = возвращаться

revolt = восстание

reward = награда

rice = рис

rich = богатый

ride = поездка

right = правый

ring = кольцо

riot = беспорядки

rise = подъем

risk = риск

river = река

road = дорога

rob = грабить

rock = камень

rocket = ракета

roll = рулон

roof = крыша

room = комната

root = корень

rope = веревка

rough = грубый

round = круглый

row = ряд

rub = тереть

rubber = резиновый

ruin = разорить

rule = правило

run = бежать

sad = грустный

safe = безопасный

sail = парус; плавать под парусом

salt = соль

same = тот же самый

sand = песок

satisfy = удовлетворить

save = сохранить

say = сказать

scale = масштаб

scare = пугать

school = школа

science = наука

score = оценка

script = сценарий

sea = море

search = поиск

season = время года

seat = сидение

second = второй

secret = тайна

section = раздел

security = безопасность

see = видеть

seed = семенной

seek = разыскивать

seem = казаться

seize = захват

seldom = редко

self = сам

sell = продавать

senate = сенат

send = отправлять

sense = смысл

sentence = приговор; предложение

separate = отдельный

series = серия

serious = серьезный

serve = служить

set = набор

settle = урегулировать

several = несколько

severe = серьезный

sex = секс

shade = тень

shake = трясти

shall = буду

shame = стыд

shape = форма

share = разделять

sharp = острый

she = она

sheet = лист

shelf = полка

shell = оболочка

shelter = жилье

shine = сиять

ship = корабль

shirt = рубашка

shock = шок

shoe = туфля

shoot = стрелять

shop = магазин

short = короткий

should = был бы

shout = кричать

show = показывать

shrink = усаживаться

shut = закрывать

sick = больной

side = сторона

sign = знак

signal = сигнал

silence = молчание

silk = шелковой

silver = серебро

similar = подобные

simple = простой

since = с тех пор, как

sing = петь

single = одинокий

sister = сестра

sit = сидеть

situation = ситуация

size = размер

skill = навык

skin = кожа

skirt = юбка

sky = небо

slave = раб

sleep = спать

slide = слайд

slip = скользить

slow = медленный

small = маленький

smart = умный

smash = сильный удар

smell = запах

smile = улыбаться

smoke = дым

smooth = гладкий

snack = закуска

snake = змея

sneeze = чихать

snow = снег

so = так

soap = мыло

social = социальной

society = общество

soft = мягкий

soil = почва

soldier = солдат

solid = твердый

solve = решить

some = несколько

son = сын

song = песня

soon = скоро

sorry = извините

sort = сортировать

soul = душа

sound = звук

south = юг

space = пространство

speak = говорить

special = специальный

speech = речь

speed = скорость

spell = называть по буквам

spend = тратить

spirit = дух

spot = место

spread = развернуть

spring = весна

spy = шпион

square = площадь

stage = этап

stairs = лестница

stamp = марка

stand = стоять

star = звезда

start = начинать

starve = голодать

state = государство

station = станция

status = статус

stay = оставаться

steal = украсть

steam = пар

steel = сталь

step = шаг

stick = трость

still = спокойный

stomach = желудок

stone = камень

stop = остановка

store = склад

storm = шторм

story = история

straight = прямой

strange = странный

stream = поток

street = улица

stretch = растягивать

strike = забастовка

string = струна

strong = сильный

structure = структура

struggle = борьба

study = изучать

stupid = глупый

subject = тема

substance = вещество

substitute = заменять

succeed = удаваться

such = такой

sudden = внезапный

suffer = страдать

sugar = сахар

suggest = предлагать

suit = костюм

summer = лето

sun = солнце

supervise = руководить

supply = запасать

support = поддерживать

suppose = предполагать

suppress = подавлять

sure = уверенный

surface = поверхность

surprise = сюрприз

surround = окружать

survive = выжить

suspect = подозреваемый

suspend = приостановить

swallow = глотать

swear = клясться

sweet = сладкий

swim = плавать

symbol = символ

sympathy = симпатия

system = система

table = стол

tail = хвост

take = брать

talk = говорить

tall = высокий

target = цель

task = задача

taste = вкус

tax = налог

tea = чай

teach = преподавать

team = команда

tear = рвать

tear = слеза

tell = сказать

term = термин; срок

terrible = ужасный

territory = территория

terror = ужас

test = проверка

than = чем

thank = благодарить

that = тот

the =

theater = театр

their =

theirs = их

them = им

then = тогда

theory = теория

there = там

these = эти

they = они

thick = толстый

thin = тонкий

thing = вещь

think = думать

third = третий

this = этот

those = те

though = хотя

thought = мысль

threaten = угрожать

through = сквозь

throw = бросать

thus = таким образом

tie = галстук

tight = плотный

time = время

tin = жесть

tiny = крошечный

tire = шина

title = название

to = к

today = сегодня

together = вместе

tomorrow = завтра

tone = тон

tongue = язык

tonight = сегодня вечером

too = тоже

tool = инструмент

tooth = зуб

top = верх

total = общее

touch = трогать

toward = к

town = город

track = путь

trade = торговля

tradition = традиция

traffic = движение

train = поезд

transport* = транспорт

travel = путешествовать

treason = измене

treasure = сокровище

treat = ухаживать

treaty = договор

tree = дерево

trial = попытка

tribe = племя

trick = трюк

trip = поездка

troop = войска

trouble = проблема

truck = грузовик

trust = доверять

true =

try = пытаться

tube = трубка

turn = повернуть

twice = дважды

under = под

understand = понимать

unit = единица

universe = Вселенная

unless = если только,.. Не

until = до тех пор, пока

up = вверх

upon = на

urge = призывать

us = нас

use = использовать

valley = долина

value = значение

vary = различаться

vegetable = овощ

vehicle = транспортное средство

version = версия

very = очень

veto = вето

vicious = порочный

victim = жертва

victory = победа

view = просмотр

violence = насилие

visit = визит

voice = голос

volume = объем

vote = голосование

wage = заработная плата

wait = ждать

walk = прогулка

wall = стена

want = хотеть

war = война

warm = теплый

warn = предупреждать

wash = мыть

waste = тратить

watch = часы

water = вода

wave = волна

way = путь

we = мы

weak = слабый

wealth = богатство

weapon = оружие

wear = носить

weather = погода

week = неделя

weight = вес

welcome = добро пожаловать

well = хорошо

west = запад

wet = влажный

what = что

wheat = пшеница

wheel = колесо

when = когда

where = где

whether = либо

which = который

while = пока

white = белый

who = кто

whole = целый

why = почему

wide = широкий

wife = жена

wild = дикий

will = воля

win = выиграть

wind = ветер

window = окно

wine = вино

wing = крыло

winter = зима

wire = провод

wise = мудрый

wish = желание

with = с

withdraw = убирать, уходить

without = без

woman = женщина

wonder = удивляться

wood = древесина

wool = шерсть

word = слово

work = работа

world = мир

worry = беспокоиться

worse = хуже

worth = стоит

wound = рана

wreck = крушение

write = писать

wrong = неправильный

yard = двор

year = год

yellow = желтый

yes = да

yesterday = вчера

yet = все еще; уже

you = ты; вы

young = молодой

When you learn a Globish   Когда вы учите слово на

word, you will not need to learn spelling rules or pronunciation rules. You will need to think of only that word. You should learn its individual pronunciation and how its individual spelling looks to you.

If you attempt to sound out every word from the English *spelling* **you will be sorry**. English writing has a very loose relationship with its sounds. But please…you must do everything to learn the **stressed** syllables in the Globish words. If you will say that stressed syllable in a **heavy** tone, most people can understand the rest.

Глобише, вам не нужно учить правила правописания и произношения. Вам нужно думать только об этом слове. Вам нужно выучить индивидуально его произношение и то, как его правописание индивидуально выглядит для вас.

Если вы попытаетесь произнести каждое слово из английского *правопсания*, **вы будете огорчены**. Английское письмо не совпадает с произношением. Но пожалуйста… вы должны сделать все, чтобы выучить **ударные** слоги в словах Глобиша. Если вы скажете ударный слог **низким** тоном, большинство людей поймут остальное.

Chapter 17
When Globish Arrives

Глава 17
Когда появляется Глобиш

Since 2004, when the first books about Globish were published, the talk about Globish has changed. In that year, in forums on the Internet, many English teachers looked at the idea – and then looked away, saying: "I cannot imagine anything important being said in Globish" and "They are going to destroy our beautiful English language" and "Why can't they just learn how to speak decent English?" These forums are still on the Internet. You can Google them.

But many more people were

С 2004 года, когда впервые была опубликована книга о Глобише, характер обсуждения Глобиша изменился. В тот год на форумах интернета многие учителя английского взглянули эту идею и затем отвернулись от нее, сказав: «Я не могу представить ничего важного, что может быть сказано на Глобише» и «Они пытаются разрушить наш прекрасный английский язык» и «Почему они не могут просто научиться говорить на приличном английском?». Эти форумы до сих пор в интренете. Вы можете найти их с помощью Google.

Но очень много людей до

still traveling from their countries, and still joining global businesses. Many more in this period were leaving their countries on work-permits for the first time to take jobs in more prosperous countries. They could not wait, they had to speak and be heard. And because they were speaking English across the world, more people began to see what these people with just "enough" English could really do. They built roads and houses, but many also made scientific discoveries and many more made lots of money in new worldwide businesses. All of this with just "enough" English.

Now, 5 years later, the tone toward Globish has changed. Most people now accept that native English speakers will not rule the world. Most people accept that there are important leaders who speak only "enough" English, but use it well to lead very well

сих пор едут из разных стран и вливаются в глобальный бизнес. И очень многие в это время покинули свои страны с разрешением на работу в более процветающих странах. Они не могли ждать, им нужно говорить и быть услышанными. И потому, что они говорили на английском во всем мире, многие начали понимать, что эти люди с «достаточным» английским действительно могут делать. Они построили дороги и дома, и многие также сделали научные открытия и очень многие заработали много денег в новом глобальном бизнесе. И все это с «достаточным» английским.

Сейчас, спустя 5 лет, отношение к Глобишу изменилось. Сейчас многие люди признают, что носители английского языка не управляют миром. Большинство признает, что есть важные лидеры, которые говорят только на

in the world.

«достаточном» английском, но используют его так хорошо, чтобы бвть лидерами мирового масштаба.

So now there are very different questions, in the same forums. Some of the same people from 2004 are now asking:

Итак, сейчас на тех же форумах поставлены другие вопросы. Некоторые люди из 2004 года сейчас спрашивают:

"How many people now know enough English?"

« Сколько сейчас людей знают английский на «достаточном» уровне?»

"Should the native English-speaking teachers, who said 'you will never be good enough' now still be the guards over the language?" and

„Нужно ли англоязычным учителям, которые говорили «вы никогда не будете достаточно хороши» все еще стоять на страже языка?» и

"Who will own the language?" And some few are beginning to ask: "How much English is enough?"

«Кто будет владеть языком?» И некоторые начинают спрашивать: «Достаточно» - это сколько?»

We think Globish – as described in this book – carries many of the answers.

Мы думаем, что Глобиш, как представлено в этой книге, дает много ответов.

Globish developed from observations and recording of what seemed to be the usual limitations of the

Глобиш развился из наблюдений и записей того, что казалось обычными ограничениями

average non-native speakers of English. Perhaps only 10% of those have studied English more than a year, or lived for a year in an English-speaking country. But they may have enough, if they know what *is* enough.

Perhaps in the next 5 years, more people will run out of money for never-ending English classes. And more people will decide to follow careers and have families and … live…instead of always trying – year after year – for that goal of perfect English.

Globish may have their answer. And it may also have the answer for global companies who need enough English – but perhaps not perfect English – in their home offices and sales branches. Globish might work for these companies if their native speakers will -- at the same time -- learn how much English is too much.

для неносителей английчкого языка. Возможно, только 10% из них выучили английский более, чем за год или прожили год в англоязычной стране. И, возможно, английского у них «достаточно»

Возможно, в следущие 5 лет у многих людей закончатся деньги для бесконечных уроков английского. И многие люди решат делать карьеру и обзаводиться семьями и… жить… вместо попыток год за годом достичь идеального английского языка.

Глобиш может быть для них ответом. И у него также есть ответ для глобальных компаний, которым нужет достаточный английский, и, возможно, не идеальный английский в их домашних офисах и бытовых компаниях. Глобиш будет работать на эти компании, если их носители английского языка в это же время поймут, сколько

Globish is what Toronto University linguist Jack Chambers called in 2009 "a new thing and very interesting...if (they are) formally codifying it, then Globish will gain status."

This book has been written not only to describe and codify, but to demonstrate Globish as a natural language, yet one that is in a closed system that is predictable and dependable, and is very close to being used across the globe now.

Then with so many good reasons for Globish that so many people agree with, why hasn't it happened? Why hasn't it arrived?

There seem to be 3 main barriers to that arrival:

Physical: People think they do not have the time or the

английского слишком много.

Глобиш - это то, что лингвист Университета Торонто назвал в 2009 году как «нечто новое и очень интересное... если (они) его формально определить, Глобиш приобретет статус».

Эта книга была написана не только для того, чтобы описать и определить, но и чтобы представить Глобиш как естественный язык, хотя он является закрытой системой, которая предсказуема и зависима, и очень близка к использованию во всем мире.

Тогда, имея очень много хороших причин для Глобиша, с которыми многие согласны, почему бы ему не появиться? Похоже, не появится?

Есть 3 главных барьера к этому появлению:

Физическая: Люди думают, что у них нет

money or the nearness to English Speaking to learn enough as a tool. With new media and Internet courses, this will make Globish all the easier to learn.

Language: Many English speakers truly feel that you cannot have just part of a language and you must always try for all of it. Quite a few language professors say that Globish is "not studied enough" or "not structured enough" – as always, without saying how much IS enough.

Political: The questions of who will make Globish happen, and who will require it, and who will finally "own" it seem central here. The remaining people who speak against Globish will discover that the citizens of the world will require it, make it happen, and own it – likely within the next 10

времени, денег или знакомых носителей английского языка, чтобы его как средство общения. С новыми медиа и интернет-курсами Глобиш будет учить легче, чем до сих пор.

Языковая: Иногие англоязычные действительно чувствуют, что у вас не может быть только части языка, и вы должны его расширять. Некоторые профессоры-лингвисты говорят, что Глобиш «недостаточно изучен» или «недостаточно структурирован», не говоря, как всегда, что такое «достаточно».

Политическая: Вопросы о том, кто будет продвигать Глобиш, кем он будет востребован и кто в конце концов будет его «собственником» кажутся здесь ценными. Те, кто высказывается против Глобиша обнаружат, что он будет востребован гражданами мира, кто

years. The very name *Globish* establishes this new point of view - that of the Global citizen who does not need the English past. This citizen needs only a dependable, usable language for the future.

Although it may not be historically exact, one has the image of the poor, beaten Englishmen who brought forth the Magna Carta in 1215. They were ruled by the foreign Normans, and the Normans wrote all the English laws in French, which the poor people in England could not understand. Along with others, these common people stood up before their Kings, at great risk to their families and themselves. And they said: "Enough!" They were frightened but still brave. Carrying only knives and clubs, they demanded that the laws by which they lived be more fair, and be given

будет продвигать его и обладать им в течение ближайших 10 лет. Само название *Глобиш* устанавливает точку зрения, что глобальному гражданину не нужен язык прошлого. Этот гражданин нуждается в активно используемом языке для будущего.

Хотя исторически это может быть не точно, вы можете представить бедных побитых англичан, который в 1215 году создали Magna Carta. Ими правили норманцы, и норманцы во Франции написали все английские законы, которые бедные алюди в Англии не могли понять. Вместе с остальными эти обычные люди встали перед их королями с великим риском для своих семей и их самих. Они сказали: «Хватит!» Они были испуганы, но мужественны. Вооруженные только ножами и палками, они требовали, чтобы законы,

out in their own language – English.

Globish could be the interesting next step for the world...when people use English to be freed from the English. Globish will arrive when these common people from every country in the world, stand up and say "Enough." And Globish, as you see it here, will be there to give them...enough. When Globish arrives, you will talk to someone who just a few years ago could not understand you ...and turned away. And you will write in Globish to someone who understands and answers – perhaps even with a job or a good school possibility...Then you will look at these few words of Globish and say...

"How rich I am....
Look at all of these

по которым они жили, были более справедливыми и были изданы на их - английском языке.

Глобиш мог бы быть следующим интересным шагом для мира... когда люди будут использовать английский, чтобы освободиться от английского. Глобиш появится, когда эти обычные люди из каждой страны мира встанут и скажут «Хватит!». И Глобиш, как вы здесь видите, будет рядом, чтобы дать им … достаточно. Когда появится Глобиш, вы сможете говорить тем, кто несколько лет назад не мог бы вас понять… и отвернулся. И вы будете писать на Глобише тому, кто поймет и ответит, возможно даст вам работу или хорошую возможность учиться… Тогда вы посмотрите на эти несколько слов на Глобише и скажете…

« Как я богат…
Посмотрите на все

words I have...So many words for so many opportunities and so many new friends...Look at all that I can do with them.... What valuable words they are...And I know them all!"

эти слова, которые есть у меня ... Так много слов для многих возможностей и так много новых друзей... Посмотрите на все, что я могу совершить с их помощью... Как ценны эти слова... И я их знаю!»

globish

Appendix

Приложение

Synopsis

It would make very little sense to describe the details of Globish *either* to the person who has studied English -- or to the person who has not.

For that reason, we are giving only a synopsis of these chapters (Chapter 17-22) from the original book. The students who are studying English may, as their use of English -- or Globish -- improves, wish to try to read the original book. Their linguistic skills may then be ready for them to process that more specific information.

(In addition, this translated version will -- for obvious reasons -- leave out the adaptation from English to Globish of President Barack Obama's Inaguration Address of January 20, 2009.)

Резюме

Нет особого смысла описывать детали Глобиша для человека, который выучил английский - или для того, кто его не учил.

По этой причине мы даем только резюме этих глав (главы 17-22) из оригинала книги. Студенты, изучающие английский, могут по мере использования английского или Глобиша могут захотеть попытаться прочитать оригинал. Их лингвистические навыки готовы к этому процессу, чтобы освоить эту специальную информацию.

(Кроме того, эта переведенная версия по очевидным причинам исключает адаптацию с английского на Глобиш инагурацию Барака Обамы 20 января 2009.)

Chapter 17 (in the original book) - 1500 Basic Globish Words Father 5000

This chapter deals with how Globish -- and English -- is capable of making new words from basic words. There are basically 4 methods of making words from the basic 1500 words:

1. Putting two words together, as in: **class + room = classroom**

2. Adding letters to the front or the back of a word as in: **im + possible = impossible** (not possible) or **care + less = careless**. Many times it changes the part of speech, as when **care+less (careless)** becomes an adjective.

3. **Many** times the **same word** is used as a **noun**, a **verb**, and an **adjective**. **We drive a** *truck*. **With it, we** *truck* **vegetables to market. We may stop for lunch at a** *truck*

Глава 17 (в оригинале) – 1500 базовых слов Глобиша порождает 5000

Эта глава о том, как Глобиш и английский способны создавать новые слова из базовых. Здесь рассматриваются в основном 4 метода образования слов из базовых 1500 слов:

1. Соединие 2 слов, как например: **class + room = classroom**

2. Добавляя буквы в начале и в конце слова как: **im + possible = impossible** (невозможно) или **care + less = careless** (беспечный). Много раз он меняет часть речи, как, к примеру, **care+less (careless)** становится прилагательным.

3. **Много** раз **одно и то же слово** используется как существительное, глагол и прилагательное. **We drive a** *truck*. **With it, we** *truck* **vegetables to market. We may stop for lunch at a** *truck*

stop.

4. Phrasal Verbs combine with prepositions to make different verbs, like: get up (in the morning), take off (from the airport runway), or put up (weekend visitors in your extra room).

Chapter 18 (in the original book) - Cooking With Words

In addition to giving you enough words and ways to make more words easily, Globish uses **simple English grammar**, and avoids long and difficult sentences.

It stresses **Active Voice** sentences, but allows occasional **Passive Voice**. It uses the **Imperative** and the **Conditional** when necessary.

Globish uses **6 basic verb tenses** all the time -- the

stop.

4. Фразеовые глаголы соединяются с предлогами, чтобы сделать другое слово, как: get up (утром), take off (со взлетно-посадочной полосы аэропорта) или put up (гостей на выходные вашу дополнительную комнату).

Глава 18 (в оригинале) – работа со словами

В дополнение к тому, чтобы дать вам достаточно слов и способов легко сделать их больше, Глобиш использует **простую грамматику английского**, и избегает длинных и трудных предложений.

Он делает упор на предложениях с **активным залогом**, но допускает случаи использования **пассивного залога**. Он использует **императив** и **условное наклонение** по необходимости.

Глобиш всегда использует **6 основных времен** –

Simple and the **Continuous** for the **Present**, **Past**, and **Future** and four other verb tenses occasionally. **Different sentence forms** are used for **negatives**, and for various kinds of **questions**.

LEARNING TOOLS - *Globish IN Globish* is an interactive set of Lessons in Globish at www.globish.com and many others will follow there.

Chapter 19 (in the original book) - Say "No" To Most Figurative Language

Idioms and Humor are the most difficult parts of a new language. Globish solves that problem by asking people to use very little of either. Idioms take hours -- sometimes -- to explain. Humor has not only language differences, but differences in culture and -- within culture -- ages and other backgrounds.

простое и продолженное для настоящего, прошедшего и будущего и иногда 4 других времени глагола. **Различные формы предложений** используются для **отрицания** и различных видов **вопросов**

УЧЕБНЫЕ СРЕДСТВА– Глобиш в Глобише - это интерактивный набор уроков Глобиша в www.globish.com, за ним последуют другие.

Глава 19 (в оригинале) – Скажите «Нет» образованному языку.

Идиомы и юмор являются наиболее трудной частью нового языка. Глобиш решает эту проблему, когда просит людей использовать их как можно меньше. Объяснение идиом иногда занимает часы. У юмора есть не только языковые различия, но и культурные, и внутри культуры возраст и другое происхождение.

Chapter 20 (in the original book) - Globish "Best Practices"

Most of these are about people who know too much English for the needs and abilities of the largest group of people...those speaking Globish. So this chapter is about how a speaker must **take responsibility for the communication,** and **do whatever is necessary** to communicate the message. This may mean: speaking or writing **in short sentences, listening for feedback** to make sure of understanding, and **using pictures or physical motions** to help the users understanding of words.

Chapter 21 (in the original book) - Critical Sounds for Global Understanding

This chapter is about pronunciation and the

Глава 20 (в оригинале) Глобиша «лучшее применение»

Большая ее часть о людях, которые знают слишком много английского для нужд и возможностей большой группы людей… говорящих на Глобише. Эта глава о том, как говорящий берет на себя **ответственность за общение** и делает **все необходимое,** чтобы донести основную идею. Это значит: говорить и писать **короткими предложениями, слушать,** чтобы быть уверенным, что его понимают, и **использовать изображения** или **физические движения,** чтобы помочь слушателям в понимании слов.

Глава 21 (в оригинале) – Важные звуки для понимания Глобиша

Эта глава о произношении и вариантах звуков

sounds various learners have trouble with. The aim is not to please the English speaker, but to make sounds that everyone can understand. This means concentrating on the most difficult ones, and making them acceptable. There are several other findings in this study, one being that learners do not have to have perfect sounds to be understood in Globish, but they do have to have the right stresses on parts of words.

Chapter 22 (in the original book) - Globish in Texting

The Internet provides an environment that is excellent for Globish. Its messages are cut down to basics of English words because the messages are often charged by each little character over 160. So if love can become luv, u might save enough of ur money to visit the one u luv, just by shortening most words.

затруднительных для учащегося. Цель - не понравиться носителю английского языка, но производить звуки, понятные всем. Это значит сконцентрироваться на самых трудных и сделать их приемлимыми. Есть несколько других находок в этом исследовании, а именно, когда вы учите, вам не нужно идеально произносить, чтобы вас понимали на Глобише, но нужно правильно ставить ударения внутри слова.

Глава 22 (в оригинале) – Глобиш в текстинге

Интернет обеспечивает превосходную среду для Глобиша. Его послания сокращены до базовых английских слов, потому что часто за каждый маленький знак в посланиях свыше 160 требуют плату. Поэтому если love станет luv, вы сэкономите достаточно денег, чтобы посетить того,

Texting is used in e-mails, chat sessions, instant messaging, and of course on mobile phones. Globish seems to have the perfect structures and numbers of words to be the text basis for people using the Internet.

кого любите, просто сокращая большинство слов.

Текстинг изпользуется в электронной почте, чатах, SMSках и, конечно, в мобильных телефонах. У Глобиша, кажется, есть идеальные структуры и набор слов, чтобы быть базовым текстом для людей, пользующихся интернетом.

Partial Resources

Council of Europe (2008). *Common European Framework of Reference for Languages: Learning, teaching, assessment.* Retrieved http://www.coe.int/T/DG4/Portfolio/?L=E&M=/main_pages/levels.html , March, 17, 2009

Dlugosz, K. (2009) *English Sounds Critical to Global Understanding.* Pécs (Hungary): University of Pécs.

Graddol, D. (2006). *English Next.* London: British Council.

Nerrière, J. P. (2004). *Don't speak English. Parlez globish!* Paris: Eyrolles.

Nerrière, J. P., Bourgon, J., Dufresne, Ph. (2005) *Découvrez le Globish.* Paris: Eyrolles.

Other Sources

Jack Chambers, Toronto

Некоторые источники

Council of Europe (2008). *Common European Framework of Reference for Languages: Learning, teaching, assessment.* http://www.coe.int/T/DG4/Portfolio/?L=E&M=/main_pages/levels.html , 2009. március 17.

Dlugosz, K. (2009) *English Sounds Critical to Global Understanding.* Pécs (Hungary): University of Pécs.

Graddol, D. (2006). *English Next.* London: British Council.

Nerrière, J. P. (2004). *Don't speak English. Parlez globish!* Paris: Eyrolles.

Nerrière, J. P., Bourgon, J., Dufresne, Ph. (2005) *Découvrez le Globish.* Paris: Eyrolles.

Другие источники

Jack Chambers, Toronto

University linguist, as quoted in "Parlez vous Globish? Probably, even if you don't know it," Lynda Hurst, Toronto Star, March 7, 2009

University linguist, idézve "Parlez vous Globish? Probably, even if you don't know it," Lynda Hurst, Toronto Star, 2009. március 7.

Notes of appreciation:
Dr. Liddy Nevile, of in Melbourne, and our friend in One Laptop Per Child, contributed moral support -- plus extensive editing which made this book a lot better.

Благодарность:
Доктору Лидди Невиль из Университета La Trobe и нашему другу в One Laptop Per Child за моральную поддержку – и большой труд по редактированию, что улучшило эту книгу.

Web Sites with Globish Information
www.jpn-globish.com - Original Globish site (much of it in French)

www.globish.com - New Globish portal site

www.bizeng.net (2008 series of business articles written in Globish by David Hon.)

Вэб сайт с информацией о Глобише
www.jpn-globish.com – Оригинальный сайт Глобиша (многое на французском языке)

www.globish.com – Новый Глобиш-портал

www.bizeng.com (2008 бизнес-статей, написанных Дэвидом Хоном на Глобише)

Meet the Writers and the Translator

Jean-Paul Nerrière

As a vice-president of IBM Europe Middle East & Africa, Jean-Paul Nerrière was noted worldwide for his foresight in urging IBM to sell services instead of "selling iron". With IBM USA as a Vice President in charge of International Marketing, he was also using and observing English – daily – in its many variations. Nerrière's personal experience the world over enlightened him to a not-so-obvious solution to the global communication problem – *Globish*. Recently this has resulted in his best-selling books on *Globish* in French, Korean, Spanish and Italian, and the word Globish being known everywhere.

Nerrière has also been knighted with the *Légion d'honneur*, the highest award France can give.

Встреча с писателями и переводчиком

Жан-Поль Неррьер

Вицепрезидент IBM Европы, Ближнего Востока и Африки, Жан Поль Неррьер привлек внимание во всем мире за его предвидение в утверждении IBM по продаже услуг вместо «продажи железа». С IBM США как вицепрезидент в charge международного маркетинга, он также ежедневно использовал и исследовал английский в его многих вариантах. Личный мировой опыт Неррьера подвиг его к неочевидному решению проблемы глобального общения – *Глобишу*. Недавно это дало результаты в бестселлерах на Глобише во ФранцииЮ Корее, Испании и Италии, и слово Глобиш стало известно.

Неррьер так же был посвещен *Légion d'honneur*, наивысшая награда, которую может дать Франция

David Hon

As a young man, David Hon jumped off helicopters in Vietnam and taught English in South America. He had an MA in English and thought that someday he would write about English as an international communication tool. However, a different direction, into the computer age, led Hon to develop the world's first realistic medical simulators. He won international awards and created a successful company, Ixion, to produce those computerized simulators.

A short time back, he came upon Nerrière's Globish ideas, and Hon knew that this book *in Globish* was the one he had intended to write long ago. Voilà…

(Russian translation)

The translation was done by Multilinguistic Center in St. Petersburg, Russia with Lidiya Dobrenko

Дэвид Хон

Молодым человеком Дэвид Хон прыгал с вертолета во Вьетнаме и учил английскому в Южной Америке. У него в МА в английском и думал, что когды-нибудь он будет писать об английском как о международном мнтурменте. Однако, другое направление в компьютерном веке привело Хона к развитию первому мировому практичному медицинскому тренажеру. Он выиграл международную награду и создал успешную компанию, Ixion, для производства этих компьютеризированных тренажеров.

Недавно он натолкнулся на идею Глобиша Неррьера, и Хон знал, что эта книга та на *Глобише*, которую он намеревался написать уже давно. Вот она…
(русский переводчик)

Перевод выполнен «Мультилингвистическим центром» СПб, Россия ….
Добренко Лидия

www.ingramcontent.com/pod-product-compliance
Lightning Source LLC
Chambersburg PA
CBHW060037040426
42331CB00032B/989